W0328288

MOOI WERK

2GcFW2t7

www.mooiwerkboek.nl

Mark van Vuuren en Luc Dorenbosch

MOOI WERK

Naar een betere baan zonder weg te gaan

Boom | Amsterdam

Verzorging omslag en binnenwerk: Bas Smidt
ISBN 978 94610 54784
NUR 770
www.uitgeverijboom.nl

INHOUD

DEEL I: MOOI WERK?

1 MOOI WERK – EEN INLEIDING

De beste manier om dit boek te beginnen: leg het even weg. Pak je agenda er eens bij. Kijk hem door. Blader (of scroll) rustig door de afgelopen weken en de weken die eraan komen. En vraag je af: wat ben ik aan het doen?

En, wat zag je? Bevalt je wat je ziet? Wat heb je vorige week gedaan? Wat staat je deze week te doen? Hoe vul jij de dagen op je werk? Misschien ben je verzeild geraakt in projecten waar je niet meer uit komt. Je administreert. Je vergadert. Eerder was e-mail een onderdeel van je werk, nu is e-mail je werk geworden. Je agenda slibt dicht en je hobbelt van de ene dag in de andere. Een vervreemdende ervaring. Als je even erover nadenkt, vraag je je af: heb ik als kind ook gedroomd van zo'n baan? In je bange dromen misschien. Je baan overwoekert je leven. Soms herken je jezelf al bijna niet meer als je in de spiegel kijkt.

Soms overvalt je dan een gevoel van opstand. Alles moet helemaal anders! Ik ga het helemaal anders doen. 'Morgen begin ik meteen,' zingt Huub van der Lubbe. Om daaraan toe te voegen: 'en zo zit ik iedere avond.' Het is er weer niet van gekomen. En elke keer als je faalt in je voornemen om het anders te gaan doen, wordt je geloof kleiner dat het er ooit echt nog eens van gaat komen.

Soms hoor je over mensen die het wel allemaal anders gaan doen. Er zijn er die het najagen van hun droom door een camera laten vastleggen, zodat je op televisie kunt volgen hoe de realiteit hun idealisme wurgt. Het gedroomde hotel in Toscane blijkt een lekkende hut die alleen een paradijs is voor de boktor. De plaatselijke klusser blijkt een oplichter. De kinderen kunnen niet wennen op school. Er zijn te weinig gasten en de gasten die er zijn vinden het eten niet lekker. Zittend op de bank en kijkend naar al die ellende op het scherm drink je nog een biertje op de moed van deze dromers. En je bedenkt: alles anders is ook niet alles.

Maar ergens blijft het knagen. Het beste deel van je leven ben je het grootste deel van de dag aan het werk. Mag je dan verwachten dat het meer oplevert dan alleen brood op de plank? Waarom lukt het dan vaak niet om er meer van te maken? Het moet toch mogelijk zijn om je werk zo te beïnvloeden dat het beter bij je past, zónder dat je direct moet emigreren om wijnboer te worden in Zuid-Frankrijk. Of zonder dat je je bedrijf, baas en collega's verruilt voor een andere plek. Maar hoe moet dat dan? Waar moet je beginnen?

We beginnen met een omweggetje: om te begrijpen wat de mogelijkheden zijn om je werk aan te passen, moet je begrijpen hoe deze mogelijkheden zijn ingeperkt. Daarvoor is het nodig te zien hoe de moderne werkomgeving wordt gedefinieerd door controle. Doordat er allerlei directe en indirecte vormen van controle zijn, word je begrensd in je mogelijkheden om zelf te doen wat je wilt. Een zekere begrenzing is goed en noodzakelijk, want zonder zaken als afstemming, coördinatie en controle zouden de meeste van onze banen helemaal niet bestaan. Maar soms lijkt die begrenzing te zijn doorgeschoten.

Werk als vorm van controle

Wij verstaan nu heel wat anders onder werk dan een aantal eeuwen geleden. Pas sinds de industriële revolutie zijn er op grote schaal fabrieken, werkplaatsen en groothandels gekomen waardoor mensen gingen werken op een andere plaats dan in en om het huis. Werk werd daardoor losgekoppeld van het huiselijke leven. Je ging weg van huis om 'naar je werk' te gaan. In de fabrieken werd werk opnieuw uitgevonden, met een grote nadruk op controle. Frederick Taylor (1856-1915) is beroemd geworden vanwege zijn zoektocht naar de optimale afstemming van taken om de efficiëntie te vergroten. Op de scheepswerven van de VOC werd trouwens bijna drie eeuwen eerder al veel van dit soort experimenten uitgevoerd door naamloze Hollanders. Maar de geschiedenis heeft namen nodig om innovaties aan toe te schrijven. In dit geval is dat Taylor geworden.

Taylor vond ook een nieuw beroep uit. Hij nam mensen in dienst die zich puur en alleen bezighielden met de bedrijfsvoering: de managers! Zij bewaakten de voortgang van het werk en controleerden of alle werkenden hun afgebakende taken goed uitvoerden. Deze splitsing betekende het ontstaan van de rollen van werkgever en werknemer. Dit was een nieuwe situatie, waardoor werk radicaal anders werd dan in de tijd voordat er fabrieken waren. Dagloners zijn van alle tijden, maar deze massale, structurele en gecontroleerde verdeling tussen controleurs en uitvoerders was nieuw. Met het oog op efficiëntie was Frederick Taylor een van de eersten die allerhande arbeidsprocessen systematisch in kaart brachten om het gebruik van alle middelen optimaal op elkaar af te stemmen. Menskracht was zo'n middel, en door allerlei vormen van controle is in de loop der jaren het benutten van die menskracht steeds verder gestroomlijnd. Simpelweg was het doel van controle de verkwisting van menskracht en tijd te minimaliseren om de efficiëntie te maximaliseren.

De vorm van controle die het gemakkelijkst te herkennen is, is de directe controle. Je leidinggevende staat je op de vingers te kijken en vertelt wat je moet doen. Als hij zegt dat het anders moet, dan doe je dat. Jullie beiden merken direct de consequenties van de verandering. Iets subtieler wordt het al als die menskracht wordt gecombineerd met allerlei machines. Bijvoorbeeld, de weefgetouwen in de textielindustrie hadden een bepaald ritme dat degene die de machine bediende moest volgen. Waar ligt dan de grens tussen het moment dat de mens de machine bedient en het moment dat de machine de mens gaat dirigeren? Onder anderen Karl Marx heeft zich kritisch uitgelaten over de manier waarop mensen gereduceerd werden van een zelfstandig werkend individu tot een radertje in een grote machine. Stephen Barley van de universiteit van Stanford toonde in een recente studie aan dat deze stellingname niet alleen opging voor de tijd van weefgetouwen en stoommachines. Zijn onderzoek laat zien dat e-mail tegenwoordig steeds meer bepalend wordt voor de werkdag van mensen op kantoor (Barley, Meyerson & Grodal, 2010). Eerst was e-mail een onderdeel van werk, nu is e-mail op veel plaatsen het werk zelf geworden. Het ritme van de dag wordt bepaald door de berichten die zich aandienen en waarvan wordt verwacht dat je er direct op reageert. In Barleys studie komen mensen aan het woord die vertellen over de smartphone die hen in staat stelt om overal aan het werk te zijn. Moderne technologie maakt de afstemming van taken onafhankelijk van de plaats waar je bent. Barley citeert een werknemer die heel blij is met groepsgesprekken per telefoon, vooral omdat ze wanneer een deel van het gesprek voor haar niet relevant is, nog wat e-mail kan wegwerken zonder dat de anderen het merken. Dat had niet gekund wanneer iedereen in dezelfde ruimte zou zitten. Deze vrouw was erg blij met die vrijheid, maar feitelijk bestaat haar vrijheid uit de keuze tussen twee vormen van controle door de apparaten waarmee ze werkt.

Controle kan nog een stap indirecter verlopen dan via een toekijkende controleur of het ritme van de middelen. Technologie zie je nog, maar een bureaucratisch systeem en een organisatiecultuur zijn onzichtbaar. Toch zijn ook dat controlerende systemen die de mogelijkheden beperken om zelf je baan vorm te geven.

Een bureaucratisch systeem dicteert door de hiërarchie de manier waarop je moet werken en wie waar verantwoordelijk voor is. Een voorbeeld: heb je wel eens meegedaan aan een medewerkerstevredenheidsonderzoek? Dat klinkt als een open uitnodiging om invloed uit te oefenen, waarbij je precies kunt aangeven in welke mate je tevreden bent over belangrijke delen van je werk: de werkdruk, je baas, de ondersteuning, of de arbeidsvoorwaarden. Goed dat ze het vragen, dan kunnen ze er iets mee doen! Dat zou je zeggen. Maar de verantwoordelijke voor je tevredenheid ben je blijkbaar niet zelf. Jij krijgt de mogelijkheid om een score te geven op voorgestructureerde vragen, waarna op basis van allerlei berekeningen de groepen vergeleken kunnen worden en *de leidinggevenden* acties kunnen ondernemen. Jij wordt zelf een passieve factor die in een bepaalde werkcontext wordt gezet en daarover een mening heeft. Die mening geef je, misschien zo ongezouten als je wilt, en daarna hoor je er meer of minder over. Maar de leidinggevende zit aan het stuur, die is 'in control'. Vooruitlopend op wat komen gaat in dit boek, mag je ervan uitgaan dat jij niet als passief en reactief persoon zult worden benaderd. Het is niet dat jij een emmer vol met meningen, gevoelens en attitudes bent die door middel van goedgekozen vragenlijsten leeggegooid kan worden waarna met woeste statistiek een manager een aantal knelpunten kan signaleren. Op groepsniveau wel te verstaan, want anders valt er niets te vergelijken. De uitkomsten van dat soort onderzoek zijn geen goede afspiegelingen van je werk, je werk is veel levendiger dan een groepsgemiddelde, varieert meer dan dat. En je hebt er ook meer invloed op. Een medewerkerstevredenheidsonderzoek is niet slecht en kan ook een duidelijke signaalfunctie hebben, maar het is goed om te beseffen dat het een vorm van subtiele controle is, waarbij iemand anders dan jijzelf uiteindelijk verantwoordelijk is voor je plek op het werk.

Daarnet kwam het woord organisatiecultuur al voorbij. Een organisatiecultuur is een nog minder zichtbare vorm van controle, waarbij je een manier van handelen aanleert waardoor je jezelf gaat controleren. Van binnenuit. Cultuur wordt wel gezien als 'de collectieve programmering van de geest' (Hofstede & Hofstede, 2005). Lees dat zinnetje nog eens. De collectieve programmering van de geest. Zie je waar de controle zit als je geest geprogrammeerd is? Dan gaat het niet langer om toezicht van buitenaf, of een omgeving die jou begrenst (door concrete technologische apparaten of een ordening in een hiërarchisch systeem), maar wordt jijzelf vaak onbewust geprogrammeerd en ga je op een manier denken die aansluit bij de cultuur van de organisatie. De duistere krochten van dat programmeringsproces beschreef George Orwell in het nawoord van zijn boek *1984*. In dat nawoord wordt 'Newspeak' toegelicht. De ultieme controle van die maatschappij zit uiteindelijk niet in het feit dat Big Brother alles ziet (met alle nietsontziende gevolgen van dien), maar in Newspeak.

Newspeak is een zorgvuldig gecomponeerde taal die vastlegt welke woorden beschikbaar zijn voor de maatschappij en hoe die woorden gedefinieerd mogen worden. Door die woorden en hun definities vast te leggen begrens je de uitdrukkingsmogelijkheden van de gebruikers van die taal. Omdat het denken goeddeels afhankelijk is van woorden, worden bepaalde gedachten dus letterlijk *ondenkbaar*. Zoals nieuwe woorden het denken kunnen verruimen, was Newspeak bedoeld om het denkraam te verkleinen. Wanneer bepaalde verboden gedachten niet beschikbaar zijn, is controle door Big Brother overbodig. Alles wat hij zal zien, is vooraf bedacht en goedgekeurd. Dan heb je een wel erg griezelig niveau van controle bereikt.

Newspeak is een briljant voorbeeld van de manier waarop taal een denkinstrument kan zijn. Jammer genoeg belicht Newspeak alleen de negatieve kant van taal. Dit zou de indruk kunnen wekken dat taal vooral beperkend werkt, terwijl nieuwe woorden ook nieuwe mogelijkheden scheppen. Denk maar aan umami. Lange tijd dachten we dat er maar vier basissmaken zijn: zout, zoet, zuur en bitter. Maar er blijkt een vijfde smaak te zijn en dat is umami. Het is een maggi-achtige smaak die je bijvoorbeeld aantreft in bouillonblokjes. Wanneer je dit lekkere, hartige woord eenmaal kent, zul je professor Kikunae Ikeda dankbaar zijn voor de ontdekking van deze smaak in het begin van de vorige eeuw. Want zo werkt het ook: als je het woord kent, zul je de smaak herkennen.

Een ervaring kan dus gestuurd worden door woorden. Daar kun je van alles van vinden, en het klopt dat dit fenomeen een bekender ingrediënt is in complottheorieën over totalitaire systemen dan in de keukens van goede restaurants. Voor je werk is het nu van belang om te weten dat gedachten en gedrag gestuurd kunnen worden door taal, groepsjargon en organisatiecultuur. Er zijn allerlei cultuurprogramma's waarbij de kernwaarden van een organisatie worden vastgelegd, maar de resultaten daarvan zijn afhankelijk van de interpretatie van de gebruikte woorden. Maak de volgende definitie maar eens af: 'In onze organisatie zijn we succesvol als we...' Er kunnen honderd kernwaarden zijn, maar als binnen de organisatie het woord succes ondubbelzinnig gedefinieerd wordt in termen van geld, heb je daar je cultuur te pakken. Er zijn andere mogelijkheden om succes te definiëren, bijvoorbeeld in termen van menselijk geluk. Geld kan daarvoor een middel zijn en door een goede bedrijfsvoering kan dat menselijk geluk op langere termijn gecontinueerd worden. Heel belangrijk. Maar het gaat om de sfeer die een woord meeneemt. Wanneer succes een synoniem wordt voor winst, is de cultuur bepaald door de keuze voor een bepaalde interpretatie (versmalling) van het woord succes.

Het had anders kunnen zijn, maar dit is wat wij eronder verstaan. Dergelijke interpretaties programmeren je denken en richten je aandacht onbewust op de waarden die hooggehouden moeten worden. En zo is controle nog weer indirecter geworden.

REFLECTIE

Probeer eens na te gaan hoe controle van invloed is op je dagelijkse werk. Herken je een aantal van de vormen die hier beschreven worden? Wat vind je daarvan?

Tot zover het omweggetje over controle. Hopelijk is je duidelijker geworden dat bij het bepalen van wat je werk is, controle een belangrijke rol speelt. In organisaties wordt die controle vaak buiten jezelf gelegd, waarbij de invloed die je zelf hebt, ondersneeuwt. Daarom gaan wij uit van vrijheidsgraden. Want zoals het een feit is dat anderen controle over je uitoefenen, zo is het ook een feit dat je zelf ruimte en controle hebt om dingen vorm te geven. Die twee gaan samen. Door goed te kijken naar de context waarin je je bevindt, is het mogelijk om situaties te vinden waarin je je werk kunt veranderen. Hoe je dat kunt ontdekken en wat je dan kunt doen met die ruimte, dat is de essentie van dit boek.

Naar een betere baan – zónder weg te gaan?

Dit boek is geschreven voor mensen die werk willen maken van hun baan als een manier van leven in plaats een maandag-tot-vrijdag-manier van doodgaan (vrij naar Terkel, 1974). Ons plan met dit boek is om je kijk op je baan te veranderen. We willen zoeken naar een tussenweg waarbij je niet bij de pakken neerzit als je baan niet helemaal brengt wat je ervan hoopt. Maar ook willen we niet als een stelletje goeroes beweren dat je droombaan voor het grijpen ligt. Dat is namelijk niet zo. We willen je serieus nemen. Daarom willen we in alle nuchterheid nadenken over de plek van werk in je leven en in hoeverre het mogelijk is om je baan te veranderen, zonder *van* baan te veranderen. Ook andere banen hebben nadelen. Het gras bij de buren kan groener lijken dan bij jou, maar ook het gras van die buren heeft zoiets stinkends als mest nodig om te groeien.

REFLECTIE

Wakker worden

Als je maar blijft dromen over die droombaan, probeer dan eens een ontnuchterende oefening te doen. Van welke baan droom je als niemand ervan weet?

Kijk eens naar het leven van iemand die doet wat jij zo graag wilt. Laten we een paar extremen erbij pakken. Zou je graag in een gele trui door de bergen willen rijden? Visualiseer daar dan ook de kilometers spaghetti bij die je daarvoor bij elk ontbijt moet eten. Het afzien. Of de ingegroeide haren in je zitvlak. Oké, laat ook maar. Ben je meer van het Hollywood-achtige scenario? Kijk dan eens hoe gelukkig de mensen echt zijn die een dergelijke baan hebben. Voeg aan de ingrediënten van het sterrendom wel paparazzi en afkickklinieken toe om er een eerlijke bouillon van te trekken. Echt, in veel gevallen is fantaseren over een droombaan net zo'n vijand van een fijne baan als de administratieve rompslomp van de zoveelste verandering die je op je werk ondergaat.

Wat we willen zeggen is dit: je bent geen slachtoffer, een gevangene die helemaal geen keuze heeft. En tegelijk heb je ook niet alles in de hand, waarbij de keuze helemaal aan jou is. De gulden middenweg tussen geen keuzevrijheid en totale keuzevrijheid zoeken we in Mooi Werk. We reiken handvatten aan om Mooi Werk te bereiken door principes die we job crafting noemen. Mooi Werk is het doel, job crafting het middel. Job crafting is het mooier maken van je werk. Met Mooi Werk en job crafting proberen we een aantal extremen te vermijden. We bespreken elk van deze extremen.

Mooi Werk, de middenweg tussen te weinig en te veel

Mooi Werk is een balans tussen te weinig verwachten van je werk (zoals bij eenvoudig werkplezier) of te veel verwachten van je baan (waardoor het een soort seculiere religie wordt).

Te weinig verwachten

Werk mag meer zijn dan alleen maar werkplezier. De hoeveelheid tijd die je op je werk doorbrengt, is zo groot dat je niet tevreden hoeft te zijn met af en toe pret hebben, een beetje leuk je tijd doorkomen. Dat is fijn en voor velen zou dat al veel goedmaken van de chagrijnige situatie waarin ze zich dit moment bevinden. We hopen met dit boek te helpen om meer werkplezier te vinden, maar het mag wel wat fundamenteler zijn. Soms zelfs zo fundamenteel dat het ten koste gaat van werkplezier op de korte termijn. Werk mag ook een investering zijn, gericht op een hoger doel dan hedonistisch gekietel op het moment.

Te veel verwachten

Het gevaar is dat die fundamentele zoektocht en het opgeven van werkplezier op de korte termijn doorslaat naar de andere kant, waar werk de enige zinvolle bezigheid is in je leven en je bureau de eerste plaats is waar je iets spiritueels ervaart. Het is wel logisch dat wanneer je op zoek bent naar een betekenisvol leven, je het eerst zult zoeken op de plaats waar je zoveel tijd doorbrengt: je werk. Werk als seculiere religie noemen Ashforth en Vaidyanath dat (2002). Werk als religie gaat ons te ver. Zeker omdat deze religie te grote offers van je vraagt. Relaties en gezondheid kunnen opgaan in de rook van je werk. Wanneer werk het enige zinvolle in je leven is, moet je je hard gaan afvragen wie je nog bent als je met pensioen gaat. Daarover kun je maar beter nu gaan nadenken in plaats van 'tegen die tijd' – dan is het te laat.

Het is belangrijk een balans te vinden tussen te veel en te weinig verwachten van je werk. Werk is meer dan alleen maar plezier, maar het hoeft ook niet je leven te worden. Je mag iemand zijn die blij is een baan te hebben, maar voorkom dat je niemand bent wanneer je niet werkt. Deze balans als benadering van werk noemen we Mooi Werk.

Het doel van dit boek is om je te helpen om van je werk steeds meer Mooi Werk te maken. Het gereedschap dat we daarvoor gebruiken noemen we job crafting. Aan de basis van dit concept staat het werk van de professoren Amy Wrzesniewski (Yale) en Jane Dutton (Michigan). Job crafting omvat technieken en inzichten die je kunt inzetten om aan je baan te sleutelen met als doel Mooi Werk. Ook hier proberen we weg te blijven van twee extremen. Aan de ene kant lijkt het ons niet terecht om uit te gaan van werk als onveranderbare grootheid. Aan de andere kant kun je ook niet zomaar doen waar je zin in hebt.

Job crafting

Het risico dat je loopt wanneer je denkt over de mogelijkheid om iets aan je baan te veranderen, is dat je vervalt in een van de twee extreme beelden die er zijn over wat een baan is.

Geen enkele vrijheid

Aan de ene kant lijkt een baan het uitvoeren van een gegeven hoeveelheid taken die een organisatie je opdraagt. Het is slikken of stikken en dus pas je je aan de omstandigheden aan. Je hebt voor deze functie gekozen, dit werk wilde je doen. En nu doe je het dan. Het kan meevallen, het kan tegenvallen, maar je moet ermee leren leven.

Het probleem met dit beeld is dat degene die de baan aanneemt daarmee de speelbal wordt van iets waarop hij of zij zelf geen grip heeft. Hogere machten bepalen de koers en je hebt maar mee te lopen in de maat. Daarmee wordt echt onderschat wat voor verschil mensen kunnen maken. Kijk naar jezelf: ben jij een pop? Je hebt toch handen en hersens gekregen; je weet dat je een verschil kunt maken. Je hebt invloed. Het is niet helemaal aan jou, maar weerloos ben je ook niet.

Alle vrijheid van de wereld

Aan de andere kant bestaat het beeld dat een baan alles in zich heeft om je droombaan te zijn. Door goed te kiezen, je passie te volgen en geen concessies te doen zou de weg openliggen naar je ideale baan. Maar het is een karikatuur dat iedereen alles kan bereiken als hij of zij het maar graag genoeg wil. Er zijn onzekerheden in het leven, er zijn onaardige mensen onder collega's en leidinggevenden van wie je afhankelijk bent, er is soms stress en er worden fouten gemaakt. Iedere baan heeft een zekere mate van corvee. De maakbaarheid is niet volledig. Al was het alleen maar omdat je je bevindt in een sociale omgeving waarbij je je bij elk voornemen moet afvragen: wat gunt men mij te zijn?

Het grootste probleem met dit beeld is dat je helemaal op jezelf wordt teruggeworpen. Jij alleen bent verantwoordelijk voor de situatie waarin je terechtkomt. Je droombaan is een keuze en als je niet kiest is het je eigen fout.

Vrijheidsgraden: de middenweg tussen keuzeloosheid en volledige keuzevrijheid

Wat houd je over als je probeert niet te veel maar ook niet te weinig te verwachten van je werk? Dat is de vraag van dit boek. Ons voorstel is om weg te blijven van de hiervoor beschreven twee extremen die je voor de gek kunnen houden. In plaats daarvan kiezen we een middenweg. Onze benadering capituleert niet voor de veronderstelde weerloosheid, maar levert je ook niet uit aan de gedroomde maakbaarheid. Daarom gebruiken we voor onze benadering het woord job crafting. Job crafting gaat ervan uit dat ieder mens in iedere baan *vrijheidsgraden* heeft om het werk aan te passen, te boetseren, te kneden, oftewel te *craften*. Dat kan zitten in de manier waarop je over je werk nadenkt, de soorten relaties die je wel of niet aangaat op je werk en de inhoud van je takenpakket. Als je weet waar je zoeken moet, ontdek je vrijheidsgraden in het werk: waar je kunt beïnvloeden hoe je over je werk denkt, wie je bij je werk betrekt (of niet) en welke taken je oppakt of afstoot.

Met die vrijheidsgraden kun je actief vorm geven aan je baan. Als je helder hebt wat je eigenlijk wilt, heb je de middelen in handen om je werk beter te laten aansluiten bij wat jou aanspreekt. Nogmaals, dat betekent niet dat elke rotklus voor jou verleden tijd is. Je hebt niet alles in de hand. Maar tegelijkertijd is weerloosheid ook niet het enige alternatief voor maakbaarheid. Niets is 'alles of niets.'

OEFENING

Een microreorganisatie

Als je eens een indruk wilt hebben van de ruimte die er is om invloed uit te oefenen (op de context), doe dan het volgende experiment.

In je agenda staat vast voor de komende dagen ergens een vergadering gepland. Daar ga je iets doen. Let tijdens die vergadering eens op de gesprekken die gevoerd worden. Wie kan gewoon uitpraten? Wie wordt altijd in de rede gevallen? En door wie? Neem de eerste helft van de vergadering om dat goed te bekijken.

Als dan halverwege een beetje duidelijk geworden is hoe die patronen zijn, ga je in de tweede helft proberen om het tegenovergestelde patroon te ontwikkelen: onderbreek degene die altijd mag uitpraten en iedereen in de rede valt. Stel vragen aan mensen die stil zijn of altijd onderbroken worden. Stel hen ook vervolgvragen. Kijk dan wat er gebeurt.

Het doel van deze oefening is dat je je bewust wordt van de patronen die het werk organiseren. Daarnaast merk je hoe relatief gemakkelijk die organisatie 'gereorganiseerd' kan worden. Je ziet hoe je patronen in beweging kunt brengen. Houd dat idee eens vast in de komende dagen.

Het uitgangspunt

Mooi Werk is een genuanceerde benadering. Zo'n rustige benadering heeft een nadeel dat grote uitspraken niet hebben. Het prettige van grote uitspraken is namelijk dat de indruk ontstaat dat degene die het zegt er heel erg in gelooft: die spreker is zo overtuigd, dat moet wel kloppen! Die schrijfster moet wel heel zeker van haar zaak zijn, anders zou ze niet zulke grote uitspraken doen! Grote uitspraken hebben het nadeel dat je een deel ervan later weer moet terugnemen: 'O nee, de werkelijkheid is toch weerbarstiger dan ik dacht. Sorry.' Het volume moet toch een beetje lager dan het geschreeuw van het begin.

Het genuanceerde begin van Mooi Werk kan de indruk wekken dat de schrijvers eigenlijk niet echt geloven in wat ze beweren. Anders zouden ze het toch wel zo groots hebben opgeschreven als anderen? Maar dat is een vergissing: We geloven er *heel erg* in dat je *een beetje* invloed hebt. Afhankelijk van de manier waarop je probeert te craften én wat anderen je gunnen om te zijn, kan dat beetje invloed grotere en kleinere gevolgen hebben.

Als je zou vinden dat er niets aan je situatie gedaan kan worden, zou je helemaal geen interesse hebben in dit boek. Het feit dat je deze tekst leest, doet vermoeden dat je ruimte ziet, of in ieder geval nieuwsgierig bent naar de mogelijkheden om ruimte te zoeken en te benutten. Daarom willen we er direct voor uitkomen dat je hier geen boek in handen hebt dat je helpt om al je dromen te verwezenlijken. Sorry. De nuchterheid gebiedt ons te zeggen dat een zorgeloos leven er niet in zit. Daar gaat het ons ook helemaal niet om. Waar het ons wel om gaat, is dat je dagelijks werk geen martelgang hoeft te zijn. Omdat we zoveel tijd van ons leven aan werk besteden, mag je er toch van uitgaan dat het ook iets oplevert. Werk mag een manier van leven zijn, in plaats van een maandag-tot-vrijdag-manier van doodgaan. Dat is het uitgangspunt van Mooi Werk. En met de principes van job crafting hopen we je te helpen dat dichterbij te brengen.

Tweepersoons zelfhulpboek?

Werk bestaat in de omgang met anderen. Het is dan ook niet de beste manier om dit boek thuis op de bank in je eentje te lezen. Job craften doe je niet thuis op de bank. Mooi Werk krijg je nooit alleen. Er zijn andere mensen nodig. Daarom werken de ideeën van dit boek het beste wanneer je het beschouwt als een tweepersoons zelfhulpboek. Het kan je namelijk helpen om dit boek niet in je eentje te lezen, maar met iemand samen. Bijvoorbeeld met een collega die je vertrouwt. Door samen dit boek door te werken creëer je een goede aanleiding voor gesprekken over hoe je aanpassingen in je werk kunt oppakken. Je kunt elkaar op ideeën brengen en steunen bij het gebruiken van je invloed om het verschil te maken dat jou goed zou doen.

OEFENING

Als je een indruk wilt hebben van de verschillende beelden over het werk, doe dan eens het volgende experiment met een collega die soortgelijk werk doet en waarmee je je in je werk vergelijkt.

Benoem je werk of je rol als een positie in het voetbalveld, bijvoorbeeld verdediger, coach, spits, aanvoerder, scheidsrechter, lijnrechter, keeper, middenvelder (doortikker). Kom je dan op dezelfde positie uit? Vertel elkaar het verhaal van elkaars keuze. Is deze positie altijd dezelfde geweest of is deze veranderd in de loop van de tijd?

In plaats van een voetbalteam kun je ook denken aan een orkest, rockband of een hockeyteam. Kies een groep waarmee je iets hebt, dat maakt het gemakkelijker om de verschillende nuances te zien.

Opzet van het boek

Het boek is opgesplitst in twee delen, elk met een eigen focus. In dit eerste deel, 'Mooi Werk?', reflecteer je op je bestaande situatie. Het vraagteken wijst erop dat het vooral een vraaggericht deel is. Er worden verschillende vragen gesteld die je helpen om expliciet te maken hoe je over je werk denkt. We beginnen bij het 'nu', met vragen over de plaats van werk in je leven. Wat mag het je kosten en wat moet het je opleveren? (hoofdstuk 2). Daarna ga je terugkijken naar het verleden (hoofdstuk 3). Om goed te begrijpen hoe het geworden is tot wat het nu is, is er een aantal oefeningen die je verder kunnen helpen bij het begrijpen van wat je criteria zijn voor het werk dat je nu doet en wat je er wel of niet aan bevalt. Na het heden en verleden ga je vooruitkijken (hoofdstuk 4). Probeer daar eens te formuleren wat je nu echt wilt, terwijl je rekening houdt met de randvoorwaarden van je situatie.

Dan volgt er een vluchtheuveltje, een tussenspel, een intermezzo. Daar maak je de balans op na het eerste deel: Wat ben je wijzer geworden? Waar sta je nu? En zie je het zitten om binnen je huidige werk met een aantal grotere of kleinere aanpassingen je werk te craften, naar je hand te zetten? Of is het echt een hopeloze zaak? Is het tijd om weg te gaan? Daar ligt uiteindelijk een keuze die je moet maken. Omdat je tijd maar één keer kunt besteden, is een keuze voor het ene een keuze tegen een alternatief: wie ja zegt, moet ook nee zeggen.

Een ding is zeker: aan gedoe ontkom je sowieso niet. In het nummer 'Should I stay or should I go?' zingt The Clash: 'If I go there will be trouble, and if I stay it will be double.' Dat kan een geruststelling zijn wanneer je eigenlijk wel weg wilt, maar echt niet kunt. Je zit bijvoorbeeld al een lange tijd in dezelfde functie en je weet van familie en vrienden dat solliciteren echt geen zin heeft. En dan hoor je dat je langer moet doorwerken dan je vooraf had gedacht. Liever zou je iets anders gaan doen. Maar niemand zit op je te wachten ergens anders. Dat is slikken. Dat is niet iets om snel overheen te stappen. Maar hopelijk kun je met de handvatten uit dit boek ook van die periode nog Mooi Werk maken. Voor jezelf en voor anderen. Het intermezzo is bedoeld om deel 1 af te sluiten voor jezelf en mogelijk naar anderen uit te spreken hoe je ervoor staat: Hoe sta je in je werk? Wat heb je nodig om van je werk Mooi Werk te maken? Dan ben je klaar voor de volgende stap.

Deel 2 heet 'Job crafting!'. Op het vraagteken van deel 1 volgt het uitroepteken van deel 2, want hier ga je aan de slag met je huidige baan. Daarvoor werken we uit wat job crafting is (hoofdstuk 5). Je brengt je takenpakket in kaart (hoofdstuk 6) met behulp van het job crafting-concept. Daarna (hoofdstuk 7) beoordeel je je takenpakket en ga je na in welke mate die beschrijving je bevalt. Door de opsplitsing van je baan in deze taken kun je gericht gaan zoeken naar een betere balans. Daarvoor volg je de beschreven stappen. Met behulp van die stappen krijg je een goede beschrijving van je werk. Deze beschrijving levert al veel inzicht op. Vaak merken we dat alleen al het beschrijven een overzicht geeft dat mensen rust geeft. Een goede beschrijving en visualisatie geeft inzicht, waardoor je beter verklaren kunt waarom je je voelt zoals je je voelt. Maar we gaan natuurlijk nog door. In hoofdstuk 8 wordt een aantal basisstrategieën uitgewerkt die aangeven hoe je concreet met je werk aan de gang kunt gaan. De opzet is erop gericht dat dit boek voor jou een mooi werkboek wordt!

Bij de oefeningen is het handig om pen en papier bij de hand te houden. Een alternatief is de website die bij dit boek hoort: www.mooiwerkboek.nl. Daar staan de oefeningen vanaf hoofdstuk 6 ook allemaal, zodat je een eigen online dossier kunt aanmaken. Met de inlogcode op pagina 2 van dit boek heb je een afgeschermd gebied waar jij (en je gesprekspartner) aan de gang kunnen.

Als je een tijdje met het craften van je werk aan de gang bent geweest, kan het nawoord je helpen om te evalueren hoe het gaat. Deze evaluatie kan ertoe leiden dat je met een paar welgemikte aanpassingen de strategieën nog krachtiger laat worden in je alledaagse werkzame leven.

OEFENINGEN

What's in it for me?

Heb je al doorgebladerd naar de laatste hoofdstukken? Dan ben je niet de eerste. Een bepaalde groep mensen wil gelijk aan de slag met de verandering van hun baan. Het kan dan verleidelijk zijn om direct door te bladeren naar deel 2 en aan de slag te gaan. Toch is de ervaring dat het een meerwaarde heeft om rustig de tijd te nemen voor deel 1. De reflectie op heden, verleden en toekomst is heel goed te gebruiken als context voor wat je in deel 2 gaat doen. Daarom eerst twee oefeningen:

1 Blader het boek eens rustig door, van begin tot eind. Het is geen roman waarbij de lol eraf gaat als je weet hoe het afloopt ('Zie je wel, het was toch de butler die de moord heeft gepleegd!'). Een globaal overzicht van het boek kan juist handig zijn. Kijk eens naar de oefeningen bij de verschillende delen. Zie de samenhang tussen de stukken.

2 Zeker als je het boek met iemand samen doorwerkt, is het handig om afspraken te maken: in welke delen knippen we het op? Het is handig om dat per hoofdstuk te doen, maar misschien is er voor jullie een handiger vorm. Spreek je af in een restaurant en eet je er lekker iets bij tijdens elk van de sessies? Ga je bij iemand thuis zitten? Bereid je voor. En plan de sessies. (Koop gelijk een paar kleuren Post-it-blokjes. Die komen later nog goed van pas, als je niet voor de online versie kiest.)

Het doel van dit boek is om werk een gezondere plaats te laten innemen in je leven, om Mooi Werk te hebben. Door onze ervaringen in onderzoek, lezingen, workshops en dergelijke hebben we gezien wat er gebeurt als mensen uitgaan van het principe dat in het werk zelf mogelijkheden te vinden zijn om van je werk Mooi Werk te maken door job crafting.

AFSPRAAK

Nog een keertje terug naar het begin. Pak je agenda en zet daarin een afspraak met jezelf voor over precies twee maanden. Neem dan een uur de tijd om je af te vragen of je werk al een beetje meer Mooi Werk is geworden. De rest van het boek is bedoeld om die afspraak met jezelf verrassend te laten worden.

2 WAT VIND JE EIGENLIJK VAN JE WERK?

Tijdens het doorlezen van dit boek zul je reflecteren en een aantal plannen maken. Je werpt een blik in de achteruitkijkspiegel: wat was er vroeger (hoofdstuk 3)? Bovendien kijk je vooruit naar wat je kunt gaan doen (vanaf hoofdstuk 4). Toch gaan we niet beginnen bij verleden of toekomst. We beginnen bij vandaag. Waar je nu staat, wat je nu van je werk vindt. Want het verleden is vooral belangrijk om te begrijpen hoe je hier terechtgekomen bent. En het startpunt voor de toekomst ligt ook in vandaag. Tijdens een reflectief moment in de film *Kung Fu Panda* zegt Oogway de schildpad: 'Yesterday is history. Tomorrow is a mystery. Today is a gift, that's why it's called "present".' Je kunt alleen iets met vandaag. Daarom zal dit hoofdstuk gaan over de vraag hoe je vandaag in je werk staat.

Om deze vraag te beantwoorden maak je in dit hoofdstuk drie stappen: allereerst maak je expliciet wat je werk eigenlijk inhoudt. Je maakt een overzicht van je taken. Vervolgens kijk je naar de plek die werk inneemt in je leven. Ten slotte krijg je inzicht in hoe de keuze voor categorieën waarin je over je werk praat je kan helpen om anderen een bepaalde indruk te geven van je werk. Tegelijk krijg je inzicht in de wijze waarop jijzelf mogelijk onbewust tegen je werk aan kijkt.

Bedenken hoe het is

De gemakkelijkste vragen zijn soms het moeilijkst te beantwoorden. 'Hoe was het vandaag?' is er zo eentje. Want waar moet je beginnen? Het was wel leuk. Het was zoals ik verwacht had. Net als gisteren, hoezo? Weinig opzienbarends. Z'n gangetje.

Maar wat is je 'gangetje'? Je wekker gaat en ineens vind je jezelf terug in de eerste vergadering van de dag. Het ene moment sta je voor de spiegel je haar te kammen en voor je het weet open je de deur van je winkel. Wat is er in die tussentijd gebeurd? Tja, je gangetje. Zeker als je een routine hebt opgebouwd kun je zonder nadenken grote delen van de dag afwerken. Routines zijn prettig, omdat je er niet aan moet denken om elk moment van de dag met volle aandacht te moeten doormaken. Je zou tegen lunchtijd uitgeput zijn. De vanzelfsprekendheid van een routine is een manier om zuinig om te gaan met je energie. Maar dan gaat het wel 'z'n gangetje'. Het is dan moeilijk om woorden te geven aan hoe het eigenlijk gaat, hoe 'het vandaag' was. Dit hoofdstuk is bedoeld om die woorden terug te vinden, zodat je kunt beschrijven hoe 'het vandaag' was.

Dit kan heel hinderlijk zijn, omdat je expliciet gaat maken wat helemaal impliciet (letterlijk: ingevouwen, ingepakt) is in je alledaagse leven. De beroemde socioloog Harold Garfinkel (1967) gaf zijn studenten in colleges de opdracht om het impliciete te expliciteren. Dat bleek heel moeilijk te zijn! Als ze thuiskwamen van de universiteit en iemand vroeg hun 'hoe was het?', moesten ze zoiets vragen als: 'Hoe bedoel je, hoe was het? Bedoel je het bewolkte weer, of de temperatuur in de collegezaal? Of mijn schoenen strak zaten? Of de reis comfortabel was? Of ik mijn hoofd nog gestoten heb? Hoe ik mijn ontmoeting ervaren heb met mensen die ik elke dag zie? Dus hoe bedoel je, hoe was het?' Toch is het expliciet maken van die alledaagsheid de eerste stap naar het zien van de mogelijkheden voor verandering.

De oefening met die vergadering uit hoofdstuk 1 kun je zien als een variant op een andere opdracht die de studenten van Garfinkel kregen: breek de regels van het openbaar vervoer. De studenten moesten bedenken wat de sociale normen waren in de metro en zich dan op een andere manier gedragen. Dan gaat het niet om normen als betalen voor je reis of voeten op de bank, maar 'waar ga je zitten?' Stel je voor: je stapt binnen in een treincoupé die vrijwel leeg is. Er zit maar één meneer, halverwege in zo'n vierzitter met een tafeltje. Verder is er niemand. Waar ga je zitten? Wat is de norm? Nou, je kunt overal gaan zitten, maar er is één plek waar je *niet* gaat zitten, toch? Wanneer je (in Nederland) in een bijna lege coupé gaat zitten op de plaats naast de enige andere reiziger in die coupé, levert dat een ongemakkelijk moment op. Garfinkel vroeg zijn studenten nog een stap verder te gaan dan dat: in de zojuist geschetste situatie in de treincoupé zouden ze de opdracht krijgen om naar die meneer te lopen en te vragen of ze op zijn plaats mochten zitten... Impliciete normen zijn zo vanzelfsprekend dat je ze bijna niet meer kunt aanwijzen en benoemen. En het is nog veel moeilijker om die norm niet alleen te benoemen, maar ook te breken! Zoals de norm waar je mag gaan zitten in een bijna lege treincoupé.

We hebben onszelf (gelukkig!) gecultiveerd met een aantal regels waardoor het eenvoudiger wordt om met een zekere routine door het leven te gaan. We hebben onszelf een 'gangetje' aangeleerd. En de vanzelfsprekendheid kan het lastig maken om dat onder woorden te brengen. Doe toch eens een poging in de volgende oefening.

REFLECTIE

Sta eens even stil bij je gangetje

Omschrijf je alledaagse werk. Wat doe je? Met wie doe je dat? Waarvoor ben je verantwoordelijk? Let eens op de woorden die je gebruikt hebt bij het uitschrijven van de alledaagse dingen die je doet. Het maakt veel verschil hoe je je werk benadert, maar dat zie je pas wanneer je andere benaderingen hoort. Daarom is het interessant om van je directe collega te horen hoe zij vergelijkbaar werk beschrijft. Zie je verschillen?

Uit ingewikkeld onderzoek – en uit eenvoudige trainingen timemanagement – blijkt steeds weer dat mensen vaak niet goed weten wat hun taken zijn en hoeveel tijd ze aan elk van hun taken besteden. Omdat de taken die je uitoefent de bouwstenen zijn waaruit je werk is opgebouwd, is het heel belangrijk dat je weet wat je taken zijn. We maken nu een begin met die takenlijst, waarna we in deel 2 uitgebreid met deze takenlijst (en de bijbehorende werkpuzzel) experimenteren. We maken deze takenlijst in drie stappen. Het begint bij het inventariseren van de activiteiten waaruit je werk bestaat.

STAP 1: BEDENK WAT JE TAKEN ZIJN

Bedenk nu eens wat je taken eigenlijk zijn. Tot hoeveel dingen kom je? Vier, vijf? Acht? Of maar één hele grote waar je al je tijd aan besteedt? Pak je functieomschrijving er eens bij. Kijk je agenda eens door om te zien of er misschien meerdere taken zijn. Vraag eens een collega wat je allemaal doet.

Steven is kaasboer. Op de vraag waaruit zijn werkdag zoal bestaat, antwoordt hij: ik verkoop kaas. Daar draait alles om. Dus het takenlijstje van Steven is maar één taak lang: kaas verkopen. Wanneer je bij hem in de winkel staat, valt het op dat hij inderdaad veel in de winkel is om zijn klanten te helpen. Maar hij heeft een aantal dagen per week personeel in de zaak lopen. Hij moet hen aansturen. Daarnaast is er veel administratie te doen en heeft Steven geregeld contact met boeren uit de omgeving. Sinds begin dit jaar is Steven ook geïnteresseerd geraakt in kaasmandjes, een cadeauverpakking waar diverse kaassoorten en andere bijpassende hapjes of drankjes op een feestelijk verpakte manier worden verkocht. Wat één grote taak lijkt te zijn (kaas verkopen) kan zo eenvoudig aangevuld worden met administratieve taken, personeel leiden, contact onderhouden met leveranciers en experimenteren met kaasmandjes.

Soms moet je even doordenken om daadwerkelijk te zien waaruit je werk allemaal bestaat. Wat je allemaal doet.

STAP 2: TEL TOT TIEN

Onze ervaring is dat mensen in praktijk best tien verschillende taken kunnen onderscheiden. Soms nog veel meer. Om een eerste beeld te krijgen van je werk noteer je in de linkerkolom van figuur 2.1 tien taken waaruit je werk bestaat. Als je meer dan tien taken hebt, probeer dan taken die logisch samenhangen bij elkaar te stoppen onder één logisch kopje. Als je minder dan tien taken hebt, verdeel je grotere taken in kleinere stukken. Ook taken die je maar heel incidenteel (maandelijks, (half)jaarlijks) doet, mogen erbij.

Karin is verpleegster in een academisch ziekenhuis. Zij kan in eerste instantie niet meer dan vier taken bedenken waaruit haar werk bestaat. Totdat ze bedenkt dat haar werk over twee afdelingen is verdeeld en door die andere omgeving dezelfde taak toch anders is. Dus verdeelt ze haar 'verzorgtaak' in een 'verzorging beneden' (op de intensive care) en een 'verzorging op de tweede verdieping' (waar de afdeling neurologie is gehuisvest). Behalve het werken op verschillende plaatsen kan ze onderscheid maken tussen de mensen met wie ze werkt. Een aantal collega's heeft ongeveer evenveel ervaring. Met hen kan ze dus het werk gemakkelijk verdelen. Maar er zijn ook een aantal jongere collega's die ze meer moet coachen tijdens het werk. Haar ervaring kan ze gemakkelijk overdragen aan deze minder ervaren verpleegsters. Daarmee ziet ze de mogelijkheid om haar taken op te delen in 'verpleegrondes in een team met ervaren verpleegkundigen' en 'verpleegrondes waar meer gecoacht moet worden'. De collega met wie Karin deze oefening doet, noemt haar het 'praatpaaltje' voor die jongere verpleegsters. Als er heftige dingen gebeuren op de afdeling komen anderen vaak naar haar toe om even stoom af te blazen. Dit is geen taak die Karin in haar functieomschrijving heeft staan, maar die ze wel heeft! Daarom voegt ze ook 'mentoring' toe aan haar taken. Het is niet precies het goede woord, maar het komt wel in de buurt. Ze snapt zelf tenminste wat ze bedoelt.

STAP 3: VAN GROOT NAAR KLEIN

De tien taken die je in de linkerkolom hebt opgeschreven zijn niet allemaal even groot. Zet de taken in de rechterkolom van figuur 2.1 op volgorde van grootte. De taak waarmee je het meeste tijd bezig bent van alle taken komt bovenaan. De kleinste taak - waaraan je dus de minste tijd besteedt - komt helemaal onderaan op de tiende plaats.

OEFENING

Uit welke taken bestaat je werk?

Stap 1: bedenk wat je taken zijn

Stap 2: tel tot tien	**Stap 3: van groot naar klein**
1.	1.
2.	2.
3.	3.
4.	4.
5.	5.
6.	6.
7.	7.
8.	8.
9.	9.
10.	10.

Figuur 2.1 Takenlijst

Kijk het geheel in figuur 2.1 eens door en laat het even op je inwerken. Zijn er al dingen die je opvallen als je dit overzicht ziet? Voor dit moment laten we deze takenlijst even rusten. Verderop, in deel 2, ga je nog uitgebreid aan het werk met deze taken.

De plek van werk in je leven

Tot nu toe heb je vooral gekeken naar de taken die samen je werk vormen. Een belangrijk aspect dat nog niet aan de orde is geweest, is wat je vindt dat dit betekent. De inhoud is een ding, maar welke waarde hecht je daaraan? Wat draagt dat werk nou bij? Wat betekent het voor jou? Op deze vragen gaan we nu in.

OEFENING

Zet de volgende zes stellingen eens in de goede volgorde. Wat het meest geldt voor jou krijgt een 1. Wat daarna het meest voor je geldt, geef je een 2.

Wat het minst voor jou geldt, geef je een 6.

- Mijn werk draagt bij aan een betere wereld. ☐
- Ik kijk altijd weer uit naar het weekend. ☐
- Ik verwacht over vijf jaar een andere baan te hebben. ☐
- Als ik niet aan het werk ben, denk ik ook niet aan mijn werk. ☐
- Mijn huidige baan is vooral een opstapje naar iets anders. ☐
- Ik praat graag met anderen over mijn werk. ☐

Er zijn verschillende manieren waarop je in je werk kunt staan. De stellingen uit het kader komen uit een onderzoek naar werkoriëntatie (Wrzesniewski e.a., 1997). In dat onderzoek wordt gesteld dat er drie algemene werkoriëntaties zijn. Met deze oriëntaties kun je onderscheid maken tussen drie manieren waarop werk een plaats inneemt in je leven. Die drie zijn: werk als een broodwinning, als een carrière of als een roeping.

Broodwinning

Iemand die werkt ziet als broodwinning heeft werk omdat het letterlijk brood op de plank brengt. Salaris verschaft je de middelen om buiten je werk te doen wat je graag wilt. Maar er is geen denken aan dat werk zelf iets is wat je met veel plezier zult doen. Het is noodzakelijk en je verwacht er verder ook niet veel van (collega's zijn wel leuk).Tijdens je werk kijk je vooral uit naar het weekend of (beter nog) vakantie. Een man die met pensioen ging, mocht als cadeau kiezen tussen een chic gouden horloge met het logo van de firma of de helft van de waarde van het horloge in contanten. Hij antwoordde: 'Ik moet er niet aan denken ook nog na mijn pensioen steeds herinnerd te worden aan deze tent. Doe mij alsjeblieft het geld.' Dat was iemand die zijn werk zag als broodwinning. De tweede en vierde stelling uit het voorgaande kader passen hierbij.

Carrière

Iemand die meer carrièregericht is, werkt voor status en macht. Werk is een wedstrijd. Wat je op dit moment doet, is nodig om hogerop te komen. Je kijkt naar boven, daar is het doel. De motivatie ligt niet buiten werktijd, zoals bij 'broodwinning', maar wel verder dan de functie die iemand nu heeft. Deze mensen werken vaak hard en zijn bereid om offers te brengen. Hun motivatie halen ze uit het feit dat hun promotie steeds dichterbij komt. Werk is een sport, op twee manieren: allereerst als een wedstrijd waarin je kunt winnen en verliezen. Maar ook als sport op een ladder, waarbij het huidige werk een treetje is naar het begeerde hogere punt dan waar je nu staat. De derde en vijfde stelling uit het voorgaande kader horen bij een carrière als werkoriëntatie.

Roeping

Ten slotte zijn er ook mensen die hun werk zien als roeping. Zij doen het werk omdat het werk zelf belangrijk voor hen is. Zij praten over werk in termen van een missie, een passie, of zelfs een voorrecht, omdat het werk dat zij doen in hun beleving bijdraagt aan een betere wereld. Hiervoor ben je geboren. Dit is wat je het liefste doet. Hier is het werk dat je doet de vervulling van je levensdoel. Hoewel de term roeping oorspronkelijk verwijst naar de overtuiging dat je door God geroepen bent om iets te gaan doen, is het een misvatting om te denken dat een roeping alleen spiritueel geladen kan zijn. Het gaat erom dat je door je werk onderdeel wordt van iets wat groter is dan jijzelf. De eerste en zesde stelling uit het voorgaande kader passen hierbij.

Deze drie werkoriëntaties zijn niet bedoeld als oordeel over wat beter is. Alsof je alleen Mooi Werk kunt hebben wanneer je een roeping hebt. Elk van de oriëntaties heeft door de bank genomen wel bepaalde gevolgen. Mensen die hun werk zien als een roeping zijn enthousiaster over hun werk. Ook zijn ze minder vaak ziek (behalve als ze geen maat kunnen houden en ze zichzelf over de kop werken). Maar soms staan er tegenover het relativeren van de plaats van werk in je leven ook positieve dingen: er zijn mensen die hun werk puur instrumenteel zien voor de dingen die ze buiten hun werk belangrijk vinden. De fotograaf die negen maanden per jaar werkt om de drie maanden rondreizen te financieren heeft een broodwinning, maar dat is wel Mooi Werk. De vrouw die dankzij de paar lessen die ze geeft tijd en geld heeft om haar huis vol pleegkinderen te verzorgen, heeft Mooi Werk. Het werk van iemand die ernaar streeft partner te worden binnen het adviesbureau waar hij nu als junior werkt, kan Mooi Werk zijn. Het is niet het doel zelf dat bepaalt of je Mooi Werk hebt, maar de mate waarin je dagelijkse activiteiten aansluiten bij dat doel. Daarom is het goed om jezelf de vraag te stellen wat je eigenlijk verwacht van het werk dat je doet. Wat moet het je opleveren en wat mag het je kosten?

REFLECTIE

Wie van de drie?

Kun je aangeven welke van de drie werkoriëntaties het beste past bij de plaats van je werk in je leven? Welke is dat? Waarom? En hoe vind je dat?

Zijn je oriëntaties in de loop der jaren veranderd?

Welke van de drie oriëntaties herken je het minst? Waarom?

Het gaat erom dat je een indruk krijgt van wat je eigenlijk van je werk verwacht. Wat is de relatie tussen je werk en de rest van je leven? Het kan zijn dat je niet gelukkig bent met de uitkomst van de voorgaande oefening. Bijvoorbeeld omdat werk er maar zo'n beetje bij bungelt, als was het corvee. Of juist omdat het je tegenstaat dat werk blijkbaar zo belangrijk voor je is. Verderop in het boek zul je manieren vinden om dit te veranderen.

De plaats van werk in je leven ligt zeker genuanceerder dan de 'wie van de drie'-oefening. In de oefening heb je geprobeerd om te bepalen in welke mate je elk van de drie werkoriëntaties herkent in je huidige werk. We werken dat nog eens wat verder uit in de volgende oefening.

OEFENING

Vind elk van de oriëntaties in je werk

Je hebt in de vorige oefening je meest passende werkoriëntatie gekozen. Een van de vormen herkende je het meest, de andere het minst en de derde zit daar dus tussenin. Pak eens drie lege bladen papier en schrijf boven aan het eerste blad 'Broodwinning', boven het tweede 'Carrière' en boven het derde 'Roeping'. Schrijf nu op elk van de drie bladzijden op waaraan je denkt. Het maakt niet uit wat. Bijvoorbeeld wat het woord bij je oproept. Of in hoeverre je jezelf in deze oriëntatie herkent. Waaraan je dat ziet. En hoe zou je werk eruitzien als je deze oriëntatie (nog) sterker had?

Als je het lastig vindt om dit voor jezelf in te vullen, kun je proberen om verschillende collega's te plaatsen binnen deze groepen. Stel jezelf dan de vraag: Welke collega werkt op deze manier? En waar zie je dat aan? Wat doet hij/zij anders dan ik?

Een van de fundamentele aannames van Mooi Werk en job crafting is dat de plaats van werk in je leven van groot belang is voor de manier waarop je je werk doet. Vandaar dat we hiermee beginnen.

Om te zien hoe mensen invloed hebben op hun werk, kunnen we kijken naar mensen die exact dezelfde taakomschrijving hebben maar daaraan een totaal andere invulling geven. Neem twee schoonmaaksters in een ziekenhuis en hoe zij hun dagelijkse werk beleefden (ontleend aan het werk van Wrzesniewski e.a., 2003). De ene schoonmaakster had op de eerste dag van haar werk meegemaakt dat een arts een prop papier liet vallen, haar aankeek en wegliep. Zij had daaruit geconcludeerd dat zij niets meer was dan degene die de rotzooi achter de 'heren doktoren' moest opruimen, omdat die daarin zelf geen zin hadden. Dat perspectief bepaalde haar dagelijkse werk. Het verhaal dat zij zichzelf vertelde was er een van feitelijke overbodigheid, van slaafsheid. Iemand die het vuile werk deed waar anderen te goed voor waren. Deze interactie vormde haar beeld en leidde tot gedrag dat daarbij aansloot: met grote tegenzin afraffelen van een rotklus. Dat werd het patroon: door het verhaal dat zij zichzelf vertelde herhaalde de geschiedenis zich. Die houding en dat gedrag waren bepaald geen basis voor excellente prestaties. De reacties op haar functioneren waren dan ook negatief.

Zet deze ongelukkige dame eens naast een andere schoonmaakster, in datzelfde ziekenhuis, met dezelfde taakomschrijving. Een heel ander verhaal! Zij beschreef haar rol als medeverantwoordelijke voor de hygiëne in het ziekenhuis. In plaats van iemand die slaafs de rommel van anderen opruimt, was zij daarmee een onmisbaar onderdeel in de missie van de organisatie. Hygiëne is namelijk essentieel voor het beter worden van patiënten. Door die focus was zij tijdens haar rondgang over de kamers geregeld in gesprek met patiënten. Ze merkte dat sommige patiënten na hun vertrek de planten, beertjes of ballonnen die zij hadden gekregen, lieten staan. Het was haar taak om deze achtergelaten cadeaus op te ruimen. Maar zij bewaarde al deze dingen in een kast. Wanneer ze dan zag dat iemand nooit bezoek kreeg, kwam zij langs en bracht een cadeautje mee dat afkomstig was uit diezelfde kast met achtergelaten dingen. Ook in dit geval sterkten de reacties haar in haar overtuiging dat ze belangrijk was. Negatieve ervaringen waren voor haar eerder een uitzondering. Zij heeft Mooi Werk!

Zie je wat hier gebeurt? Twee mensen met exact dezelfde functie hebben een heel andere baanervaring! De ervaringen die mensen opdoen en de manier waarop ze daarop reageren is bepalend voor het dagelijkse werk. Welk verhaal maak je? Bij Mooi Werk gaan we ervan uit dat je kijk op je eigen werk te maken heeft met het verhaal dat je over je werk hebt ontwikkeld. Vaak is dat impliciet. Je hebt niet in de gaten dat dit je verhaal is. Het is gebaseerd op de taken die je uitvoert en de bijdrage die dit werk volgens jou heeft voor jezelf en voor anderen. Het laatste stuk dat nodig is om het verhaal compleet te krijgen, gaat over de woorden die je gebruikt voor het werk dat je doet. De categorieën die je gebruikt om het werk te duiden. Daarover gaat het laatste deel van dit hoofdstuk.

Jezelf in een hokje stoppen

In Zuid-Afrika was er na het einde van de Apartheidspolitiek veel werk te doen. Verschillende bedrijven bedienden voor die tijd elk hun eigen doelgroep, strikt gescheiden door ras. Een uitgeverij die alleen maar boeken uitgaf van zwarte schrijvers bleek nu een concurrent te hebben in een uitgeverij verderop in de straat die eerder alleen blanke schrijvers in portefeuille had. Hoewel de barrières vanzelfsprekend niet direct geslecht waren, was het doorbreken van grenzen tussen bevolkingsgroepen de aanzet tot marktwerking die niet door iedereen was voorzien. De regering probeerde de integratie te bevorderen door instituties medeverantwoordelijk te stellen voor het aangaan van fusies.

Zo werden twee universiteiten die drie kilometer uit elkaar lagen gedwongen samen te gaan tot één universiteit. Dit mislukte dramatisch. De blanken vonden zichzelf superieur in onderzoek. Hoewel het hun nieuwe werkbasis was, weigerden de zwarte wetenschappers een voet op de 'blanke' campus te zetten. Deze campus was namelijk niet lang daarvoor gebouwd op de plek waar een zwarte wijk had gestaan. Velen hadden levendige herinneringen aan het moment dat de bulldozers de krotten begonnen te slopen. (De bewoners moesten maar zien waar ze een veilig heenkomen zouden vinden.) Op deze 'gestolen grond' wilden zij niet werken. Ook de gedachte dat hun familieleden zouden denken dat zij samenwerkten met 'die anderen' was voor zowel zwarten als blanken geen prettig vooruitzicht.

Toch bleven veel mensen bij de nieuwe universiteit werken. Je zou denken dat ze een andere baan zouden zoeken. Maar ook wanneer er mogelijkheden waren om te verkassen deden de meesten dat niet. Uit onderzoek bleek dat er wel een opvallende verschuiving plaatsvond: wanneer mensen spraken over de periode vóór de fusie, spraken ze in termen van 'de organisatie' waar ze bij hoorden. Daar waren ze trots op, dat was de categorie waarin ze zichzelf definieerden. Het hokje waarin ze zichzelf stopten. Vanuit de sociale identiteitstheorie is bekend dat de manier waarop mensen zichzelf categoriseren een basis is voor identiteitsvorming. Waar hoor je bij? Opvallend genoeg werd na de fusie een heel andere categorie gebruikt: de blanken spraken niet meer over zichzelf als organisatielid, maar waren 'onderzoeker'. De zwarten vonden hun voldoening en trots in het onderwijzen van de volgende generatie. Zij waren leraar geworden. Een onbedoeld effect van de fusie was dat mensen zich niet meer identificeerden met de *organisatie*, maar met hun *beroep*. Zij konden hetzelfde werk doen als daarvoor, alleen bekeken ze het nu anders.

Dit onderzoek (beschreven in Van Vuuren, Beelen & De Jong, 2010) laat zien hoe subtiel categorieën kunnen zijn. Bij het beschrijven van de manier waarop jij in je werk staat, is het dan ook van belang om te zien welke categorieën jij gebruikt om jezelf te typeren.

OEFENING

Hoe omschrijf jij jezelf?

Schrijf eens (in een paar zinnen) op welke categorieën je noemt als je praat over je werk. Als je dit moeilijk vindt om te bedenken, stel je dan voor dat een onbekende je aanspreekt op een verjaardag met de vraag 'wat doe jij?'

Die categorieën zijn keuzes en je hebt de beschikking over verschillende alternatieven. Kijk maar eens naar de volgende categorieën.

Ik ben: a) profvoetballer, b) PSV'er, c) reservedoelman, d) ik doe iets met sport, e) ik speel samen met beroemde voetballer X.
Ik ben: a) natuurwetenschapper, b) docent microbiologie , c) werkzaam aan de beste universiteit van Nederland, d) onderzoeker, e) de hele dag aan het prutsen met bacteriën.
Ik ben: a) partner bij Adviesbureau Y, b) ondersteunend voor bedrijven die een nieuw intranetsysteem willen implementeren, c) adviseur, d) miljonair, e) een hobbyist in ICT-dingetjes.

Het is allemaal waar, dit zijn de dingen die je doet. Je bent het allemaal. De categorieën kun je kiezen. Je kunt kiezen wat het beste past. Maar daar zit precies het punt: *wat past?* De selectie van deze categorieën zegt iets over jou en wat jij zoal passend vindt. Soms kan een eufemisme verhullen wat je liever niet vertelt (de abortusarts die zegt medicus te zijn). Of juist benadrukken welke waarden je belangrijk vindt. Zoals de toon de muziek maakt, zo halen categorieën bepaalde dingen naar de voorgrond en drukken andere dingen naar de achtergrond.

OEFENING

Voorgrond - achtergrond

Welke onderdelen van je werk breng je graag naar voren? Wat wil je dat anderen van je weten? Welke dingen houd je liever op de achtergrond? En waarom?

▶

Bespreek eens met een collega welke categorieën er van je werk bestaan. Welke gebruiken jullie? En welke gevolgen heeft dat? Kijk eens op je visitekaartje. Ben jij dat?

Bedenk eens een andere titel voor je functie. Hoe zou die luiden? Bespreek dat ook eens met collega's.

Vergelijk je handtekening onder een e-mail. Of de manier waarop je de telefoon opneemt. Wat noem je allemaal? En in welke volgorde?

Als je let op de verschillende categorieën die mensen gebruiken om hun werk te beschrijven, zul je zien wat een krachtig beeld zo'n categorie kan oproepen. Vooral de woorden die impliciet wijzen op een categorisatie (wij, ons, zij, jullie) moeten je alert maken: wie horen er blijkbaar in die groep – en wie niet?

Conclusie

Het doel van dit hoofdstuk was om je te helpen zicht te krijgen op je werk. We hebben drie manieren gebruikt: Je hebt eerst je taken expliciet gemaakt. Vervolgens heb je nagedacht over de werkoriëntaties (broodwinning – carrière – roeping). Ten slotte heb je de verschillende categorieën benoemd die je gebruikt om te beschrijven wat je doet.

Die oriëntaties en categorieën zijn niet uit de lucht komen vallen. Hoe je over jezelf denkt en praat komt ergens vandaan. Daarom ga je in het volgende hoofdstuk proberen om die ontstaansgeschiedenis duidelijk te krijgen. Wat zijn de gebeurtenissen die je beeld van je werk hebben bepaald? Het heeft zin om je bewust te worden van deze aannames. Ze beperken je namelijk in je vrijheid om je baan te richten naar wat je eigenlijk zo graag wilt.

Hopelijk heb je bij het lezen van dit hoofdstuk een beetje onder woorden weten te brengen wat je vindt van de plek waar je nu zit. Dat onbestemde gevoel dat er iets niet helemaal lekker zat, heb je misschien beter kunnen duiden. Of je weet weer waarom het zo'n mooie baan is waarmee je elke dag bezig bent.

3 HOE IS HET ALLEMAAL ZO GEKOMEN?

Herinner je je nog met welke verwachtingen je aan het werk ging? Misschien was je van plan om een nieuwe ontdekking te doen. Zonder jou zou die ene uitvinding er niet zijn gekomen. Of jij zou je teamleden in staat stellen het beste uit zichzelf te halen. Misschien droomde je wel van een flitsende carrière, rijkdom en verre reizen. Of je pakte gewoon aan wat je tegenkwam. Je keek rond voor een baan en dit was wat op je pad kwam. Je bleef hangen bij het stagebedrijf waar je gezeten had. Op de een of andere manier ben je terechtgekomen op de plek waar je nu bent. Om goed te kunnen begrijpen hoe je nu in je werk staat, is het noodzakelijk dat je de vraag beantwoordt hoe het zover is gekomen. In dit hoofdstuk ga je bekijken welke ontwikkelingen je hebt doorgemaakt en hoe je bent geworden wie je bent. Je werkt chronologisch, dus begin je bij het begin. Je gaat vier gebieden bekijken die elk hun unieke input kunnen leveren voor het beeld dat je nu van je werksituatie hebt.

Allereerst kijk je naar de ideeën over werk zoals je die van huis uit hebt meegekregen. Vervolgens kijk je naar de invloed van anderen op het beroep dat je uitoefent. Het kan zomaar zijn dat een algemene professionele identiteit (het beeld dat je hebt van wat iemand in jouw beroep doet) je helpen kan, of juist in de weg zit bij het vormgeven aan je werk. In de derde plaats onderzoek je de voorbeelden die voor jou model hebben gestaan voor de manier waarop je je beroep uitoefent. Ten slotte zijn er mogelijk nog een aantal beslissende gebeurtenissen die van invloed zijn geweest op het beeld dat je hebt van je werk.

Met deze vier ingrediënten kun je een verhaal maken van je werk tot nu toe, zodat je weet hoe je gekomen bent tot waar je nu bent. De vragen in dit hoofdstuk komen voort uit onderzoek naar het autobiografische geheugen. De aanname is dat het beeld dat je van jezelf hebt (je zelfconcept) gaandeweg ingekleurd raakt tijdens je leven. Er zijn drie niveaus te onderscheiden in dit autobiografische geheugen. Allereerst is er het niveau van de levensfasen. Dit zijn langere periodes, zoals je kindertijd, je schooltijd, of je studententijd. Het tweede niveau is een categorie gebeurtenissen: dit zijn zich herhalende gebeurtenissen, zoals je vakantie, tentamentijd of voetbal op zaterdag. Het derde niveau is het meest specifiek. Dat zijn de eenmalige gebeurtenissen, op een specifieke plaats op een bepaald moment. Het autobiografisch geheugen gaat hier over fragmenten die kortdurend zijn. Bijvoorbeeld, die keer dat je per ongeluk of expres iets moois van iemand anders kapotmaakte en waarvan je nog precies weet hoe dat ging. Dat ene verjaardagsfeestje waar je zo genoten hebt van het spel dat je toen deed. De keer dat je bij een ruzie die ene vaas door de kamer gooide.

Elk van deze drie niveaus van het autobiografisch geheugen zullen in de volgende oefeningen voorbijkomen. We beginnen met de manier waarop je privéleven en je werkend leven elkaar kunnen beïnvloeden.

1 Wat je van huis uit hebt meegekregen

Iedereen weet dat er een belangrijke relatie bestaat tussen werk en privéleven. Thema's als *work-life balance* en *family-friendly work environments* zijn vaste onderwerpen in het gesprek over personeelszaken. We weten dat deze delen van het leven elkaar beïnvloeden, zoals bij overwerken het geval is. Als je veel tijd op het werk doorbrengt, ben je minder vaak thuis. En bij thuiskomst ben je ook nog eens moe. Zo zijn er allerlei vormen van *spillover*-effecten bekend van werk en privé: stress op het werk maakt dat je ook een kort lontje kunt hebben tegenover je partner of kinderen. Er zijn voorbeelden bekend van probleemgedrag bij kinderen dat zijn oorsprong vond in de stressvolle baan van de (daardoor afwezige) vader of moeder. Andersom kan het ook: werkplezier kan je zoveel energie geven dat je zonder problemen extra laat met vrienden kunt uitgaan. Er zijn ook spillover-effecten van thuis naar werk: mensen die in hun vrije tijd aan sport doen bijvoorbeeld, voelen zich beter op hun werk. De effecten van wittebroodsweken na een huwelijksdag zijn ook merkbaar op de werkvloer. Maar ook in negatieve zin gaat dit op: als je thuis te maken hebt met stressvolle situaties, heeft dat impact op je werkdag. Je bent overdag een minder goede verkoper als je avond aan avond aan het sterfbed van een geliefde zit. Dit zijn directe gevallen waarin stress en energieniveaus binnen en buiten het werk invloed hebben op alle delen van je leven.

Maar soms ligt de wederzijdse invloed van werk en privéleven veel subtieler. Als je overdag voor de klas staat, kun je 's avonds de neiging hebben om thuis les te gaan geven. Of stel je de volgende situatie voor: een groep vrouwelijke sociaal werkers begeleidden vrouwen die thuis mishandeld werden. Deze professionals hebben meegedaan aan een onderzoek. Zo luisterden zij vaak naar aangeslagen vrouwen die spraken over boosaardige mannen. De sporen van het geweld waren duidelijk te zien op de gezichten van deze mishandelde vrouwen. Nu is in de wereld van het maatschappelijk werk veel aandacht voor de manier waarop de professionals zelf omgaan met de moeilijke dingen die ze tegenkomen. De vraag in een recent onderzoek was hoe vrouwelijke maatschappelijk werkers hun eigen relaties bekeken na alle ellende die ze in hun werkcontext voor zich zagen. De uitkomsten waren niet verwonderlijk: er was geen ontkomen aan het reflecteren op de eigen relatie. Wat voor man heb ik eigenlijk? Is hij ook in staat om mij zoiets aan te doen? Nee, natuurlijk niet. Maar ja, dat zei deze vrouw ook. En daar zat ze met haar kapotgeslagen gezicht. Vrijwel altijd had het werk invloed op de manier waarop deze vrouwen naar zichzelf en hun relatie keken. Een van de vrouwen vertelde dat ze opgehouden was met koken voor haar partner. Als het al geen invloed had op de relatie zelf, dan was het werk een reden om negatief te denken over de wereld en het geweld dat daar mogelijk was.

In de volgende oefening ga je het subtiele grensgebied tussen werk en privéleven onderzoeken. In hoeverre heeft het werk van je ouders je huidige baan beïnvloed?

OEFENING

Vertel een collega (of schrijf het voor jezelf op) wat je ouders voor werk deden. Doe dat in drie delen.

Eerste deel: geef een algemene omschrijving van het werk dat je ouders deden. Benoem in grote lijnen de taken die erbij hoorden.

De ouders van Sonja runden de drogisterij in het dorp waar ze woonden. Ze hadden de zaak gekocht van een oom die vanwege zijn zwakke gezondheid het goedlopende bedrijf niet meer zelf kon beheren. Hoewel de dorpelingen trouwe klanten waren, was het dorp aan de kleine kant om een drogisterij overeind te houden. Er was weinig romantisch aan. Sonja's ouders moesten heel hard werken om de eindjes aan elkaar te knopen. Geld voor hulp hadden ze niet, dus moesten ze alles zelf doen. De oom had al een breed scala aan koopwaar in zijn winkel opgenomen: producten voor lichamelijke verzorging, schoonmaakmiddelen, medicijnen en snoep. Vooral het deel met de medicijnen kostte de vader van Sonja erg veel werk, omdat niet iedereen zomaar alle medicijnen mocht gebruiken. Sonja herinnert zich hoe ze moest helpen in de winkel, het afwegen van suiker bijvoorbeeld. Ze herinnert zich de gezelligheid, maar ook hoe ze zich verveelde. Hoe ze buiten schooltijden liever ging buiten-

spelen, maar binnen moest helpen. De schuld bij de oom moest worden afbetaald, dat hing altijd als een donkere wolk boven de drogisterij. Haar vader heeft zich uiteindelijk kapot gewerkt en is vrij jong gestorven.

Tweede deel: beschrijf een typische gebeurtenis die zich vaker herhaalde. Bijvoorbeeld dat je moeder vaak iets meenam als ze thuiskwam. Of dat je vader vaak weg was.

Het kwam geregeld voor bij de ouders van Sonja dat het geld domweg op was. Er was niet genoeg binnengekomen in de maand ervoor om de leveranciers te betalen. Gelukkig waren er vrij coulante leveranciers bij (vooral van de schoonmaakmiddelen), maar er werd alles aan gedaan om risico's uit te bannen. Die dagen waarin het geld op was, leerde Sonja een belangrijke les die haar ouders tegenover haar altijd herhaalden: kies voor zekerheid, volg de veilige weg. Neem geen risico's, maar werk hard en volg een opleiding waarvan je zeker weet dat je er later van kunt rondkomen. Dat vond Sonja wel moeilijk, want het was duidelijk dat daarmee bedoeld werd dat ze niet moest denken dat ze haar artistieke talent zou mogen volgen.

Derde deel: ga ten slotte in op een aantal specifieke momenten die je nog helder voor de geest staan. Hierbij gaat het om eenmalige gebeurtenissen.

Sonja herinnert zich nog goed dat zij voor de verjaardag van haar moeder eens een 'gaper' had gemaakt. Bij een andere drogisterij in de stad had ze een dergelijk beeld wel eens gezien: boven de ingang hing zo'n kop van een man die zijn tong uitsteekt. Van klei had ze zo'n gaper gemaakt, een beetje aan de kleine kant, maar dat bleek pas toen hij boven de deur werd gezet! Haar ouders vonden het prachtig en Sonja had zich heel trots gevoeld. Er waren later meerdere mensen in de winkel gekomen die vroegen of zij dat mannetje had gemaakt.

Terugkijkend op deze drie soorten verhalen, volgt de uiteindelijke vraag: wat heb je geleerd van het werk van je ouders? Wat voor idee heb je over werk ▸

meegekregen? Volg je - misschien onbewust - hun voorbeeld of zet jij je juist af tegen hun manier van werken? Heb je bijvoorbeeld een hekel gekregen aan een bepaald soort werk? Roept werken een emotie bij je op, zoals schuldgevoelens of juist trots?

Deze eerste oefening ging over manieren waarop je privéleven en je werk elkaar kunnen beïnvloeden. Het tweede onderwerp dat we gaan verkennen, is hoe het beeld van de beroepsgroep waartoe je behoort je een bepaalde kant op kan sturen.

2 Constructie van professionele identiteit

Iedereen identificeert zich met zijn beroep. Je behoort tot een categorie mensen en het beeld dat die categorie oproept – bij jezelf en bij anderen! – zal van invloed zijn op de manier waarop je naar je werk kijkt. Om dat duidelijk te maken, gaan we een extreem voorbeeld nemen, namelijk dat van gestigmatiseerd werk.

Om een maatschappij draaiende te houden zijn er heel veel taken te vervullen. Een deel van deze taken is zeer prestigieus. Degenen die deze taken op zich nemen, ontlenen daaraan status. Er zijn ook taken die net zo noodzakelijk zijn maar worden gezien als smerig: in fysieke, sociale of morele zin. In elke maatschappij is werk te doen dat betrekking heeft op afval, stront, straf, dood, verslavingen, pijn, gevaar en begeerte. Dit levert een lastige situatie op voor degenen die dit werk doen: ‘wij’ vinden dat dit werk gedaan moet worden, maar ‘zij’ die het werk daadwerkelijk uitvoeren moeten rekenen op een stigma. Hoe oneerlijk het misschien ook is, dergelijke stigma’s zijn hardnekkig.

De smet van het soort werk straalt af op de mensen die het werk doen. Sommige beroepen hebben altijd al een negatieve bijklank gehad, vanwege hun expliciete associaties met afval (vuilnisman), de dood (begrafenisondernemer) of dubieuze moraal (paaldanseres). Voor andere beroepen geldt dat een omslag in het denken plaatsvindt door recente gebeurtenissen. Ga maar eens na hoe bankiers het afgelopen jaar de reacties op hun werk hebben zien veranderen. De gedachte is dat mensen iets moeten doen met een beroep dat negatief beoordeeld wordt. Uitkomsten van onderzoek op het gebied van sociale identiteiten suggereren dat mensen een deel van hun eigenwaarde ontlenen aan wat andere mensen van hen en hun werk vinden. Anderen zijn belangrijk voor een positief zelfbeeld.

Volgens de sociale identiteitstheorie moeten mensen met anderen verbonden zijn om optimaal te kunnen functioneren. Iedereen definieert zichzelf in de sociale eenheid waartoe men zich rekent. Daarom is het voor mensen die gestigmatiseerd werk doen ook zo problematisch dat zij gezien worden als vuile mensen omdat ze toevallig 'vuil' werk doen. Voor hen is het van groot belang om zichzelf te zien als *goede* mensen die vuil werk doen, of liever nog: als *goede* mensen die *goed* werk doen (Ashforth & Kreiner, 1999). Dergelijke gestigmatiseerde beroepen zijn misschien wat extreem, maar maken wel duidelijk hoe belangrijk een professionele identiteit kan zijn. Denk daar eens over na met behulp van de volgende oefeningen.

OEFENING

1 Probeer de beroepen te beschrijven van mensen in je omgeving, in termen van professionele identiteit. Wat weet je van deze beroepen? En wat vind je ervan? Pas dat toe op een aantal beroepen met een hoge status en een aantal beroepen met een lage status.
2 Hoe zou je de professionele identiteit van je eigen beroep omschrijven? Is er een zeker stigma verbonden aan je werk waarmee je aan de slag moet?

Je zult zien dat het beeld van de professionele identiteit vooral bij je eigen beroep een heel fijnmazig patroon oplevert. Omdat je dit werk zelf doet en alle voors en tegens ervan aan den lijve ervaart, is je beeld uiteraard heel genuanceerd. Denk eens na over de volgende thema's:

- Hoe wordt bepaald wat kwaliteit is in je werk? Wanneer is iets Mooi Werk? Is er een prestatie aan te wijzen die gewaardeerd wordt?
- Waartegen zet de beroepsgroep zich bij voorkeur af? De meeste banen hebben een 'contrastgroep' - dat wat ze vooral niet zijn. Het kan gaan om beroepen binnen de overheid die vooral niet 'als het bedrijfsleven' moeten worden bekeken. Maar ook om machinewerkers die vinden dat zij het echte mannenwerk doen. Vanuit dat perspectief zijn managers met hun stropdasjes vanzelfsprekend geen echte mannen, want zij hebben geen eelt op hun slappe handjes, kunnen niet met grote machines omgaan en tappen geen mannenmoppen in de pauze (Mumby, 1989).

▶

- Bestaan er helden en schurken in je beroepsgroep? Wie dan? En welke waarden vertegenwoordigen de helden? Wat maakt de slechteriken zo negatief?

Deze oefening over professionele identiteit werken we in het derde stuk nog verder uit. Als je nadenkt over zoiets abstracts als identiteiten schieten je snel allerlei, concrete voorbeelden te binnen van mensen die je als voorbeelden ziet. Deze mensen belichamen de groep en de waarden die bij de groep horen. We gaan op zoek naar de mensen die dit voor jou hebben gedaan.

3 Rolmodellen, voorbeelden, helden

Wanneer je in een nieuwe omgeving komt, moet je leren hoe je je moet gedragen. Zo werkt het dus ook in organisaties: mensen moeten zich socialiseren om hun nieuwe rol goed te kunnen spelen. Dat is niet eenvoudig! Als individu moet je een weg vinden in een wereld van rolverwachtingen. Hoe heb je het voor elkaar gekregen dat je serieus genomen wordt als adviseur? Dat vraagt een synthese tussen jou en de rol die je op je neemt. Aan de ene kant ben jij het natuurlijk, maar aan de andere kant stap je daar op dat moment in een professionele rol. Een inzichtelijke manier om dat proces in kaart te brengen is via de drie stappen van 'Mijn Voorlopige Ik'. Herminia Ibarra (1999) beschrijft dat proces waarin je eerst experimenteert met mogelijke rolinvullingen (wat zij *provisional selves* noemt), om uiteindelijk een authentieke identiteit binnen je professie te ontwikkelen. We gaan deze drie stappen eens doorlopen. Denk daarbij bijvoorbeeld terug aan je eerste baan.

Fase 1

De eerste dagen keek je eens goed rond. Je zag verschillende mensen die deden wat jij ook geacht werd te gaan doen. Goed opletten dus. Misschien werd je zelfs wel aan een mentor gekoppeld. Hoe dan ook, in die eerste dagen krijg je een indruk hoe het er in het echt uitziet wanneer je doet wat er op je visitekaartje staat. Wat doet een 'account manager buitendienst'? Wat doet een chauffeur als hij niet rijdt? Hoe viert een consultant een succes? Hoe bereidt een woordvoerder zich voor op het woordvoeren? Dat soort vragen heb jij ook gehad, en de antwoorden daarop zag je ineens rondlopen. Door goed te kijken naar allerlei levende voorbeelden, ontwikkelde je impliciet een theorie van wat een typische professional in je gebied zoal doet.

Dit kan een verwarrende fase zijn, zeker wanneer je merkt dat een officieel inwerkprogramma haaks staat op wat je ziet gebeuren op de werkvloer. In deze fase is sprake van twee belangrijke aspecten: allereerst moet je je afvragen wat de waarden zijn die met de mond beleden worden en hoe echt gedrag eruitziet. In zoveel inwerktrajecten wordt benadrukt dat 'de klant centraal' staat dat je het bijna gaat geloven. En soms is het ook echt zo. Dan heb je de voorbeelden gezien. Maar net zo vaak blijkt in gedrag een heel andere waarde leidend te zijn: 'vooral niet moe worden' bijvoorbeeld. Heb je wel eens meegemaakt dat wat als maatwerk verkocht werd eigenlijk een kopie was van een eerder project? En ten tweede komt in die hele stroom van indrukken steeds de belangrijke vraag bovendrijven: hoe ga *ik* dit doen?

Fase 2

Toen je de ingrediënten verzameld had – of in ieder geval een indruk had van de wijze waarop je je rol kon uitvoeren – werd het tijd voor experimenteren. Je zag hoe anderen de professionele rol uitvoeren en vervolgens moest jij deze rol gaan combineren met je eigen identiteit. Het leek eenvoudig, maar hoe voelt het om het echt te doen? En hoe kun je wat je al weet inpassen in de dagelijkse gang van zaken in je nieuwe werkomgeving? Door te experimenteren met je 'Voorlopige Ik' zie je langzaam de contouren ontstaan van wie jij bent als professional.

Fase 3

Tot slot evalueer je jezelf en pas je je aan, tot je de goede modus hebt gevonden van de manier waarop je een nieuwe rol wilde vormgeven. Om deze twee goed op elkaar af te kunnen stemmen zijn twee soorten feedback onmisbaar: die van anderen en die van jezelf. Je kunt bijvoorbeeld eens een goed gesprek met jezelf hebben. Dat kan variëren van 'Ik leer het nooit' tot 'Wow, kijk mij eens. Nooit gedacht dat ik dit zou kunnen. Heeft die studie in ieder geval iets goeds opgeleverd.' Maar ook anderen kunnen je van feedback voorzien. Die feedback is speciaal nodig omdat je daaruit kunt opmaken of je de verwachtingen waarmaakt in de ogen van rolexperts.

OEFENING

Doorloop de drie fasen

Fase 1

Probeer je nog eens te herinneren hoe het was om aan je baan te beginnen. Hoe waren die eerste dagen? Hoe heb jij de ingrediënten ontdekt die passen bij de rol die je geacht was aan te nemen? En: in hoeverre vond je dat jij paste bij deze baan? Leek deze baan op wat je verwachtte, of was deze eigenlijk heel anders?

Fase 2 en 3

Herinner je je nog iets over die eerste periode van aanpassen? (Bijvoorbeeld de eerste keer dat je in een vergadering zat, een klant ontmoette, zelfstandig moest doen wat je alleen nog maar bij anderen had gezien.) Waren er concrete momenten waarop je evalueerde hoe het ging? Of kreeg je feedback die je verder hielp? Wat leerde je daarvan?

Herken je iets van deze fasen? Het belangrijkste doel van dit deel is helder te krijgen hoe je geworden bent wie je bent. De voorbeelden en rolmodellen die in de beginfase hebben bijgedragen aan je professionele identiteit kunnen grote invloed hebben gehad op hoe je nu naar je werk kijkt.

Voorbeelden buiten je werk

Naast de rolmodellen die impliciet of expliciet voordoen hoe je je werk kunt doen, zijn er nog een aantal mensen die het beeld van je werk kunnen beïnvloeden. Dat zijn mensen die je meestal nooit hebt ontmoet. Het zijn je helden. De mensen die jij als belichaming ziet van de waarden die jij belangrijk vindt. Helden krijg je vanzelf. Je ziet iemand die iets doet wat je erg waardeert. Die wordt dan de belichaming van die waarde. Daarbij kun je denken aan iconen als Florence Nightingale, Desmond Tutu of Leonardo da Vinci. Door te benoemen wie je helden zijn, kun je achterhalen wat je blijkbaar belangrijk vindt. Zeker wanneer het niet om van die wereldwijd bekende iconen gaat, maar om minder voor de hand liggende voorbeelden, bijvoorbeeld Jack Sparrow, Homer Simpson of Amy Winehouse. Vertel aan een ander wie je helden zijn en het zal duidelijk worden wat je belangrijk vindt. Om dat eens te oefenen is het aardig om een heel alfabet te maken van je helden, bijvoorbeeld Asimov, Bono, Cruyff, Dali enzovoort.

Omdat helden, iconen en voorbeelden een belichaming zijn van iets wat jij belangrijk vindt, kunnen ze je ook helpen om te ontdekken wát je dan blijkbaar zo belangrijk vindt. Overigens, het blijkt uit onderzoek dat er bij dit soort oefeningen een sekseverschil is. Vrouwelijke lezers zullen waarschijnlijk meer rolmodellen uit hun directe sociale omgeving noemen. Mannelijke lezers hebben vaker beroemde (mannelijke) rolmodellen. Als je top vijf van helden allemaal onafhankelijke en tegen de stroom in roeiende artiesten zijn, is dat gemakkelijk. Net zo goed als wanneer je helden allemaal gebeiteld staan in de Modern Martyrs' corner in Westminster Abbey. Maar vaak komt er een heel divers beeld uit. Probeer het eens.

OEFENING

Welke mensen zijn een voorbeeld voor jou?

- In je familie.
- In je vrienden- en kennissenkring.
- Uit de geschiedenis.
- In de sport.
- Uit de krant van vandaag.
- In cultuur/film/muziek.

Probeer bij elk van deze mensen te bedenken wat je zo aanspreekt in wat ze doen of gedaan hebben. Maak vervolgens een top vijf. Welke waarden komen hieruit naar voren? Herken je bij jezelf het belang van die waarden voor je beoordeling van wat belangrijk is?

Aan het begin van dit hoofdstuk stond al dat je vier verschillende soorten vragen zou krijgen. Een over het werk van je ouders, een over de professionele identiteit van de beroepsgroep waarvan je onderdeel bent, en nu al twee soorten rolmodellen: rolmodellen binnen het werk en helden daarbuiten. Nu ga je naar de laatste stap. Daarbij gaat het niet om gestructureerde thema's, maar om eenmalige gebeurtenissen die je leven beslissend hebben beïnvloed.

4 Beslissende gebeurtenissen

Hoewel er elke dag heel veel gebeurt, heeft (gelukkig) niet altijd alles eenzelfde impact. Er zijn gebeurtenissen die veel dieper ingrijpen dan andere gebeurtenissen. Een ontmoeting, een opmerking, een ongeluk. Dat zijn de gebeurtenissen die veel invloed hebben op je leven. Het zijn positieve of negatieve gebeurtenissen, kritische incidenten die vanwege de grote impact ook wel *nuclear events* genoemd worden. Vaak is er sprake van een samenloop van omstandigheden die maken dat je een hoogtepunt, een dieptepunt of een keerpunt beleeft. De beste manier om dergelijke beslissende en levensvormende gebeurtenissen expliciet te krijgen is door te vragen naar een verhaal.

OEFENING

Twee verhalen

Wanneer je deze oefeningen samen doet met iemand anders, vertel dan twee invloedrijke verhalen aan die ander. Wanneer je het alleen doet, schrijf ze dan op. Kies de twee verhalen die je meteen te binnen schieten als je kiest uit het volgende rijtje:

- een ontmoeting met iemand die werkte in het veld waarin jij nu ook werkzaam bent;
- het moment dat je tot je verbazing een talent ontdekte in jezelf;
- de ervaring die je deed besluiten dat de wereld goed/slecht is;
- een anekdote van een reis waardoor je anders bent gaan aankijken tegen je eigen thuis;
- een verhaal dat je niet zelf hebt beleefd (iemand anders vertelde het, of je hebt het gelezen) dat grote indruk op je maakte.

Door dit soort verhalen ontdek je dat niemand enkel in abstracte termen denkt. Altijd zijn voorbeelden de basis van algemene gedachten, als plaatjes bij praatjes. Al te vaak vragen we 'wat is de moraal van een verhaal?', terwijl het minstens zo belangrijk is om te vragen 'welk verhaal zit achter deze moraal?'

Tot slot: dit is mijn verleden. Nou en? En nou?

In dit hoofdstuk heb je uitgebreid in de achteruitkijkspiegel gekeken. Je hebt gekeken naar de knooppunten, de wegwijzers, de rustpunten. Zo zag je de weg die je hebt afgelegd om te komen tot waar je nu bent. Je kunt uren en uren dwalen in je verleden. Als je nou eens dit had gedaan of als je toen eens dat had gelaten. Maar dat ligt achter je. *Hopen op een beter verleden is verspilde energie.* De kans om je werk om te buigen naar Mooi Werk ligt niet achter je, maar voor je. Dus kun je de energie beter stoppen in waar je nu bent. En op die manier iets doen aan je toekomst.

Maar wat moet je dan met dat verleden? Een gerechtvaardigde vraag waar in ieder geval drie antwoorden op mogelijk zijn. Allereerst is het goed om te beseffen wat je overwegingen blijkbaar zijn geweest in het verleden, hoe je in het verleden je werk en je leven gecraft hebt tot wat het nu is. Je hebt ervaringen opgedaan die je kunnen helpen om te zien waar je goed in bent en wat je blijkbaar belangrijk vindt. Het scherp zien van die waarden kan je helpen bij het nemen van nieuwe beslissingen. Oog voor waarden is een goed kompas.

In de tweede plaats kan een terugblik negatieve gevoelens nuanceren. Je ziet waar je geluk hebt gehad, hoe mooi je werk soms is geweest, waar je uit je sokken gezegend bent. De eventuele treurigheid van dit moment kan er anders uitzien in het perspectief van alles wat je tot nu toe hebt meegemaakt. Als je werk je nu veel kost, kan het helpen om te zien wat het je tot nu toe ook heeft opgeleverd.

In de derde plaats kun je leren van de dingen waarvan je spijt hebt. Niemand heeft het maken van fouten tot z'n hobby gemaakt en spijt en schaamte zijn erg onprettige emoties om mee te zitten. Zeker wanneer je aan het werk bent en je keuzes een grote impact hebben kan het hard aankomen. Onderzoek naar de beroepskeuzes van mensen heeft het vergrootglas gelegd op mensen die terugkijkend balen van de keuzes die ze hebben gemaakt (Roese & Summerville, 2005). Dat is geen prettig gezicht. Maar wel de realiteit. Van de dingen waarvan mensen het meeste spijt hebben, staat werk op de tweede plaats. Op de eerste plaats staat de keuze van opleiding, wat dus ook direct aan werk gerelateerd is. Spijt en werk horen blijkbaar zo bij elkaar dat je vrijwel nooit kunt werken zonder ooit ergens spijt van te krijgen. Alsof je in je achteruitkijkspiegel kijkt en altijd wel een afslag ziet die je (niet) hebt genomen en nooit meer terug kunt. Toch is dergelijke spijt geen reden om bij de pakken neer te gaan zitten. Juist in dit soort gevallen kan job crafting een optie zijn. Je zult alleen moeten beginnen met toegeven dat je dit werk eigenlijk zo niet wilde. De vraag is vervolgens wat je dan wel wilt en hoe je daar naartoe kunt craften. Op die manier is een blik naar het verleden een manier om je te richten op de toekomst. Daarover gaat het in het volgende hoofdstuk.

4 ZIE JE HET VOOR JE?

Dit is een tricky hoofdstuk. Het doel van Mooi Werk is je te helpen met nuchterheid te kijken naar je werkzaamheden om zodoende realistische aanpassingen van die werkzaamheden mogelijk te maken. Door de open vraag te stellen wat je eigenlijk wilt met de toekomst kan alle nuchterheid verdampen. Je kunt alles wel willen! Maar werk wordt niet mooier van luchtkastelen. Het is dus zaak om ambitieus te zijn zonder te gaan zweven. Te dromen zonder uit de bocht te vliegen. Mooi Werk probeert je handvatten te geven om je werkweek zinvol te vullen en niet alleen maar uit te zien naar het weekend. Constantijn Huygens verzuchtte eens 'Beminde Saterdagh, syt ghy noch verr van komen?', de zeventiende-eeuwse versie van het recentere 'Thank God it's Friday'. Het doel van Mooi Werk is om verder te kunnen gaan dan Huygens kon en je werkweek niet te zien als een hinderlijke onderbreking van je vrije tijd. Maar die hoop moet wel nuchter blijven, wel realistisch. In deel 2 ga je met je eigen baan aan de slag. In dit slothoofdstuk van deel 1 gaan we eerst nog naar de toekomst kijken, maar wel met deze bijsluiter: er is van alles mogelijk, maar niet alles is mogelijk. Bouw geen luchtkasteel als je echt Mooi Werk wilt.

Het beste medicijn tegen luchtkastelen is samen gaan bouwen. Al eerder werd je aangeraden om dit proces door te maken samen met een collega of iemand anders die je vertrouwt. Hopelijk heb je gemerkt welke meerwaarde het heeft als je je huidige situatie (hoofdstuk 2) en het verleden (hoofdstuk 3) doorspreekt met iemand anders. Maar voor dit hoofdstuk is het extra handig om een toehoorder en gesprekspartner te hebben.

Voordat je hierna heel concreet (in deel 2) aan de gang gaat met het toekomstplaatje, is er wel een aantal reflectiepunten die eerst helder moeten zijn. We bespreken daarom een drietal thema's: keuzes, gunnen, en hoop.

Het maken van keuzes

Als je helemaal vrij een baan zou mogen kiezen, wat zou je dan doen? Deze vraag werd eens voorgelegd aan een grote groep Nederlanders. Op die vraag was het vaakst gegeven antwoord dat ze dan koning(in) wilden worden. Een interessante uitkomst, alleen al omdat het aangeeft dat niet alles mogelijk is. We kunnen niet allemaal de koning(in) zijn. Net zo min als alle voetballers die dromen van een plek in het Nederlands elftal volgens de reglementen opgesteld kunnen worden. De meeste dromers blijven op de bank – en dan niet eens de reservebank. Dus: niet alles is mogelijk. Maar wat kan er dan wel, gegeven alles wat je tot nu toe hebt bedacht? Wat wil je, binnen de gegeven randvoorwaarden? Wat is de plaats van werk in je leven? In antwoorden op dit soort vragen komen bepaalde waarden geregeld terug: ontwikkeling, carrière, uitdaging, zekerheid, groei, rijkdom, mensen, schoonheid, winst, betekenis en geborgenheid. Allemaal waarden die belangrijk kunnen zijn. Sterker nog, die vrijwel altijd belangrijk zíjn. Anders zouden ze ook geen waarden heten. Het punt is alleen: waarden zijn niet los verkrijgbaar. Alle waarden zijn per definitie waardevol, maar in een keuze moet je ze afwegen tegen dingen die ook waardevol zijn. Het gaat om relatief belang. Wat vind je belangrijker dan andere belangrijke dingen? Welke waarde is te prefereren boven iets anders wat op zichzelf ook waardevol is? Met andere woorden: welke offers ben je bereid te brengen?

Het is echt een vergissing om enkel te kijken naar wat je allemaal wilt. Op een gegeven moment heb je een stapel wensen die je niet meer kunt overzien. Bovendien kunnen die wensen elkaar tegenspreken. Zo werkt het ook vaak in organisaties – de strategie puilt langzaam maar zeker uit met alle goede ideeën die opborrelen. Winst? Ja! Duurzaamheid? Wie kan daar nu tegen zijn?! Internationalisering? Goed plan! Om uiteindelijk een keuze te maken is het prima om alles op te noemen wat je belangrijk vindt. Maar daarmee heb je nog niet gekozen. Welke strategie kies je om uiteindelijk je doelen te behalen? Jim Collins (2003) benoemde de grote valkuil als je probeert die strategievraag allereerst te beantwoorden met een 'to-do list'. Met een lijst van 'dingen om te doen' word je druk druk druk, maar verlies je focus. Keuzes maak je volgens Collins allereerst door te besluiten wat je niet meer gaat doen. Het eerste punt op je to-do list moet zijn om een 'stop doing list' te maken. Ja, het staat er echt: strategie is vóór alles kiezen wat je *niet* gaat doen. Welke waarden die op zichzelf wel waardevol zijn, ga je toch links laten liggen? Welke markten benader je niet? Welke doelgroepen negeer je? Welke goede doelen laat je aan anderen over? Het is goed om bij elke keuze die je maakt ook aan te geven wat je niet gaat doen.

OEFENING

Verderop ga je veel specifieker in op de keuzes die je maakt. Maak nu eens een kladversie van je 'to-do list' en je 'stop doing list'. Beantwoord dus de vragen wat je in ieder geval wel wilt en wat in ieder geval niet. Maak een prioriteitenvolgorde voor beide lijstjes. Bedenk daarbij dat elk punt op de to-do list minstens twee consequenties heeft: de hoogste prioriteit van een punt op je to-do list heeft gevolgen voor de op één na hoogste prioriteit en elk punt op je to-do list heeft een tegenhanger op je stop doing list (er mag best iets bij, maar waar gaat dan iets af?).

Wat gunt men je te zijn?

Je kunt zoveel willen. Maar niet alles is haalbaar. Zoals het bekende gezegde luidt: overschat niet wat je in een jaar kunt doen, maar onderschat niet wat je in tien jaar kunt doen. In de context van Mooi Werk gaat dat zeker op: er is heel veel mogelijk in tien jaar gericht en geduldig craften. Toch moet daarbij een kanttekening geplaatst worden die voortkomt uit een eerder genoemd uitgangspunt van Mooi Werk: Mooi Werk krijg je nooit alleen. In de inleiding sloeg dit uitgangspunt op de kracht die het heeft van samen dingen proberen te veranderen. Je staat niet op jezelf. Betrek de sociale context van je werk erbij. De oproep om de ideeën van Mooi Werk met een collega te bespreken komen daaruit voort. Maar dit uitgangspunt heeft ook een keerzijde: andere mensen hebben invloed en zoals ze dingen mogelijk kunnen maken, kunnen ze ook mogelijkheden blokkeren. Ook bij job crafting geldt: *it takes two to tango*. Je zult met andere mensen gezamenlijk iets moeten opzetten. Je kunt *claimen* wat je wilt, maar Mooi Werk moet je ook een beetje *gegund* worden.

OEFENING

Stel je de droombaan voor die je binnen je huidige organisatie zou kunnen hebben. Schrijf op wat die droombaan inhoudt. Vraag je daarbij het volgende af: wat zie jij als beperkende elementen die maken dat je die droombaan niet hebt? Concludeer daaruit: wat gunt men jou te zijn? (Let op! Wees heel specifiek als het gaat om wie die 'men' is in je antwoord.)

Een passend voorbeeld is de jarenlange pensioendiscussie: op welke leeftijd stopt je arbeidzame leven? De tendens is de laatste jaren om die pensioenleeftijd naar achteren op te schuiven. Je kunt nog zo graag willen stoppen, maar dat wordt je niet meer gegund. Hopelijk lukt het je om in dit geval te beginnen met craften in plaats van bij de pakken neer te gaan zitten. Dat kan heel moeilijk zijn. Het is moeilijk objectief vast te stellen wat anderen je gunnen. Zeker wanneer je in een moeilijk parket zit, zul je snel denken dat anderen je 'helemaal niets' gunnen. Wanneer je de indruk hebt dat anderen je alleen maar in de weg zitten en er niet over peinzen je iets te gunnen, is het waardevol je af te vragen waar die indruk vandaan komt. In de vorige oefening heb je je afgevraagd wat mensen je gunnen te zijn. De vervolgvraag is: hoe *weet* je dat? De twee meest voor de hand liggende antwoorden zijn: óf je gaat er impliciet van uit óf je baseert je expliciet op concrete gebeurtenissen die zich eerder hebben voorgedaan (waardoor je aanneemt dat in deze vergelijkbare situatie een vergelijkbaar antwoord zou komen).

Impliciet

Straks iets meer over die expliciete eerdere gebeurtenissen, maar eerst dit: wanneer het een impliciete aanname is, zou je het wel eens helemaal mis kunnen hebben. 'Impliciet' betekent letterlijk 'ingevouwen', als een briefje in een envelop. Je ziet de boodschap niet, maar hij is er wel. Het is goed om te bedenken dat er in communicatie twee mogelijke vormen van impliciet zijn: de boodschapper heeft iets niet gezegd maar wel bedoeld (iemand heeft het briefje inderdaad in de envelop gedaan en het er daarmee ingevouwen) óf de ontvanger heeft het niet gehoord maar wel gevoeld (en daarmee het briefje uit de envelop gehaald). In alledaagse communicatie gaat het niet zo dat je heel hard kunt zeggen dat er echt een briefje in die envelop zit. Verwoording en interpretatie lopen vaak langs elkaar heen. Soms pikt iemand niet op wat je impliciet bedoelt en soms interpreteer je iets wat die ander nooit bedoeld heeft. Wanneer je dus impliciet vermoedt dat jou iets niet gegund wordt, houd je dan de mogelijkheid open dat je een briefje denkt te zien dat niet bestaat? Het schijnt Oscar Wilde te zijn geweest die het woordspelletje bedacht dat 'When you assume, you make an *ass* of *u* and *me*' (als je een aanname doet, maak je een ezel van jezelf en van mij).

Er is een heel effectieve manier om te achterhalen of je aanname klopt dat iets je niet gegund wordt: ernaar vragen. Dat kun je doen door het impliciete expliciet te maken. Je moet je dan wel realiseren dat dit behoorlijk beschuldigend kan overkomen. Vaak is het beter om dat wat je hoopt expliciet te maken in plaats van de angst dat die ander je dat niet gunt: 'Ik zou graag... Hoe kijk jij daar tegenaan?' in plaats van 'Klopt het dat jij het maar niets zou vinden als...'

Expliciet

Natuurlijk zijn er ook voorbeelden van expliciete vormen van misgunnen. Dan heb je echt lelijk werk. Ook hier zijn twee vormen te onderscheiden: soms gaat het om jou persoonlijk, bijvoorbeeld als je gepest wordt op je werk. Dat is echt afschuwelijk. Er zijn allerlei vormen waarin mensen getiranniseerd worden en de werkplek voor mensen tot een hel wordt gemaakt: van belediging tot bedreiging, van iemand nooit laten uitpraten tot uitschelden en van roddelen tot negeren (Lutgen-Sandvik & Sypher, 2009). Als je het pispaaltje of de zondebok bent, is het heel moeilijk om daar zonder hulp van buitenaf weer uit te komen. Daar is niet tegenop te craften. Meestal is het dan het beste om te proberen een andere baan te vinden.

Een andere mogelijkheid is dat er in je werkomgeving iemand rondloopt die niet deugt. Ervaar je je baas als beperkend element, dan bevind je je in een lastig pakket. Het is een gegeven: sommige bazen deugen gewoon niet. 'Assholes', noemt Bob Sutton (2007) die. Sutton heeft veel onderzoek gedaan naar tevredenheid op het werk en zich uitgeput in allerhande vragenlijsten die de meest exotische bronnen van vrede en onvrede aanboorden. Uiteindelijk kwam hij erop uit dat al die vragen vervangen kunnen worden door een enkele vraag als je onvrede wilt vaststellen: loopt er een asshole rond? Wanneer je beseft dat er in je directe omgeving een echte asshole is, dan is het antwoord op 'wat gunt men mij te zijn?': 'heel weinig'. Assholes zijn mensen die altijd energie kosten (zie Suttons boek *De anti-hufter methode*). Voor een gezonde werkplek waar je normaal kunt ademen heb je energie nodig. En mensen kunnen je die geven, of afnemen.

OEFENING

De energie-footprint van mensen uit je omgeving

Maak eens een lijstje van de mensen met wie je het meest omgaat op je werk (je collega's, leidinggevenden, medewerkers, klanten, leerlingen enzovoort). Benoem bij elk van die mensen zijn of haar 'energie-footprint'. Het gaat om

▶

het effect dat contact met die persoon op je heeft. Zie je die mensen als energiegevend, energiekostend of energieneutraal?

De mensen die energie kosten zijn de mensen die je het gevoel kunnen geven dat je uitgewrongen bent na een bespreking. Zwarte gaten lijken het wel; alle energie verdwijnt.

OEFENING

Energie-footprint en Mooi Werk

Probeer eens uit hoe je beïnvloed wordt door de mensen met wie je omgaat, in termen van energie. Kijk je agenda eens door om te zien wanneer je weer een energiekostend persoon moet gaan spreken. Zeg die afspraak af en maak in plaats daarvan een afspraak met iemand die je energie geeft. Wat doet dat met je (achteraf, maar ook vooraf)?

Hoop doet craften

Tot nu toe heeft dit hoofdstuk een behoorlijk donkere ondertoon gehad, met vooral de nadruk op de negatieve kanten. Dat is altijd een valkuil in het streven naar Mooi Werk: dat de aandacht voor verbeteringen voortkomt uit wat er allemaal mis is. Doordat je iets mooi wilt maken, valt je extra op hoe lelijk het soms wel is. Bewustwording van een dergelijke tendens is de bron geworden van een van de boeiendste ontwikkelingen in de sociale wetenschappen van de afgelopen jaren: de positieve benadering. In de psychologie bleek een overdaad aan studies te zijn die onderzoek rapporteerden over depressie, terwijl er maar een paar studies waren die zich richtten op geluk (Seligman & Csikszentmihalyi, 2000). Nu zijn studies naar depressiviteit heel belangrijk, maar studies naar geluk *zijn dat ook*. Mensen zijn vaker geneigd zich te richten op het oplossen van problemen dan op het grijpen van kansen. In plaats van te streven naar iets mooiers proberen we niet onder een norm te zakken. Bekijk eens wat de tendens was van je laatste persoonlijke ontwikkelingsplannen of jaargesprekken (als je die hebt gehad): klopt het dat de aandacht vooral uitging naar waar je moest bijschaven, verbeteren, repareren?

Nu we kijken naar de toekomst wordt die positieve benadering expliciet: Mooi Werk is echt iets anders dan het wegpoetsen van vlekken op je cv. Het is een manier om te zoeken naar waar je kracht ligt, wat je unieke bijdrage kan zijn. Het is niet de bedoeling om alles wat je zou kunnen doen op een middelmatig niveau te brengen, zodat je nergens echt slecht in bent. Het gaat er veel eerder om dat je een paar dingen kiest waarin je goed bent, waarbij je de lat echt hóóg kunt leggen!

Misschien ben je schamper over de mogelijkheid van Mooi Werk en het idee dat je de lat echt hoog kunt leggen. Je hoort mogelijk een schreeuwerigheid in dit soort suggesties, een hysterie die haaks staat op je nuchterheid. Al een aantal keren is benadrukt dat nuchterheid een erg goede eigenschap is, een waarde voor Mooi Werk. Loze beloften zijn immers *killing*. Daar prik je zo doorheen. Toch loop je dan het risico om het kind met het badwater weg te gooien. Plato zei al dat we begrip hebben voor kinderen die bang zijn in het donker, maar dat het een ander verhaal wordt als volwassenen bang zijn voor het licht. Toegegeven, dat was in een andere context, maar het idee dat realisme elke vorm van optimisme uitsluit, is onleefbaar. Voor een cynicus is Mooi Werk geen doel, maar een fundamentele aanval op zijn wereldbeeld. Toch kan het lastig zijn om 'het licht' te zien in je werk, zeker wanneer je vervelende ervaringen hebt gehad in je baan. Daarom kan het handig zijn om een tussenstapje te maken. Uit onze ervaringen met workshops blijkt dat vooral mensen die het moeilijk vinden om een roeping in hun werk te vinden de stap naar een positieve benadering moeilijk konden zetten. Er was geen ruimte voor optimisme, laat staan voor hoop. Toch kunnen ook zij proberen hun werk te verwoorden in positieve termen. Dat gaat in twee stappen: eerst een neutrale formulering, daarna een positieve versie.

OEFENING

Stap 1: geef een neutrale omschrijving van je werk. Houd je strikt aan taken en activiteiten. Let op: Beschrijf enkel de *inhoud* van je werk. Vermijd elk oordeel of waardering.
Stap 2: bekijk deze neutrale beschrijving van je werk en probeer deze opnieuw te formuleren met positieve woorden. Herschrijf deze zo dat je verwijst naar wat je nodig hebt om je werk te doen, wat het doel van je werk is en wat het jezelf en anderen allemaal kan opleveren. (Hint: maak in deze tweede stap

▶

naar hartenlust gebruik van woorden als waardering, verbetering, kracht, schoonheid, accuratesse, authenticiteit, autonomie, best, bevlogenheid, kracht, voordeel, bijdrage, verbondenheid, heelheid, gemeenschap, creativiteit, moed, nieuwsgierigheid, dankbaarheid, gelijkheid, waardigheid, droom, effectiviteit, gemak, soepel, empathie, betrokken, toekomst, energie, goed, duurzaam, hulp, doel, eerlijkheid, ondersteuning, dienen, liefde, interesse, integriteit, intimiteit, ervaring, tevredenheid, voldoende, geluk, rechtvaardigheid, vriendelijkheid, zin, trouw, groei, bevrijding, ontspanning, inspanning, loyaliteit, bekwaamheid, aandachtig, diversiteit, respect, nieuw, veerkracht, spel, uitzonderlijk, virtuoos, diep, rust, opluchting, tijd, waarden, identiteit, verwachting en inspiratie.)

Zo, hoe vond je dat? Het alledaagse leven wordt bepaald niet vanzelf een schilderij met enkel heldere kleuren. Als je echter de opdracht krijgt om positief te kijken, lukt dat ook meestal wel. Het wordt lichter. In een ander soort oefening, bekend als de Reflected Best Self-exercise (Roberts e.a., 2005), word je gevraagd om een zelfportret te maken met behulp van positieve feedback van anderen. Nu moeten de meeste mensen een hoge drempel over om anderen om positieve feedback te vragen, omdat het niet bepaald geaccepteerd is om ‘naar complimentjes te vissen’. Toch is ook dit een manier die je gebruiken kunt om meer inzicht te krijgen. Uit de workshops en meerdaagse trainingen die wij hebben gegeven, blijkt dat deze manier bijzondere verhalen kan opleveren. Sommige mensen hadden impliciet het idee opgedaan dat zij eigenlijk niets goed konden, door alle negatieve feedback die ze veel gemakkelijker delen dan positieve dingen. De confrontatie met verhalen die mensen teruggaven en waarin expliciet gezegd werd waar ze om gewaardeerd werden, was heel bijzonder.

OEFENING

Als je dit boek met iemand samen doorwerkt, vul dan eens voor elkaar de volgende zin aan door op de puntjes iets in te vullen: ‘Ik vind dat jij op je best bent, als... Dat heb ik gezien toen...’

Het doel van dit soort vingeroefeningen is dat je een beetje *hoopvol* wordt. Boven deze paragraaf staat 'Hoop doet craften'. Wanneer je geen hoop zou hebben op verbetering, is het craften kansloos. Of eigenlijk: hopeloos. Het is voor de formulering van je toekomst (het onderwerp van dit hoofdstuk) van het grootste belang dat je nagaat waar je hoop zit. Hoop is wat nog geen werkelijkheid is, maar dat wel kan worden. Job crafting is je werk aanpassen waar dat nog niet mooi is, maar waar dat wel Mooi Werk zou kunnen worden.

Laten we nog eens beter kijken naar hoop. Professor C.R. Snyder (1994) benoemde twee onderdelen van de hoop om een doel te bereiken: het uitstippelen van een route naar hoe je dat doel wilt bereiken (*waypower*) en de vastberadenheid waarmee je dit doel wilt bereiken (*willpower*). Zo bezien hebben job crafting en Mooi Werk alles te maken met hoop. Wat je doel is en hoe je dat kunt bereiken, daarover gaat het deel 2 van dit boek. De vraag van de vastberadenheid komt nu eerst. Want wat wil je gaan doen? Daarover gaat het intermezzo.

INTERMEZZO: WAT GA JE DOEN?

Het is tijd om even te pauzeren. Deel 1 was een relatief vrijblijvende oefening: je hebt al reflecterend en pratend bekeken wat je eigenlijk vindt van de plek waar je zit. Je hebt je afgevraagd wat jou tot hier heeft gebracht, die blik in de achteruitkijkspiegel. En in het laatste hoofdstuk van deel 1 heb je nagedacht over de contouren van de toekomst. De waarde van dergelijke denkoefeningen ligt in het afstand nemen van je dagelijkse werk. Het is als de uitkijktoren midden in een doolhof. Door uit te stijgen boven de paadjes en obstakels van alledag kun je de structuur zien van hoe je werkende leven is ingericht. Waar je vandaan komt en waar je naartoe gaat. Misschien ben je opgelucht van het beeld dat je zag. Je stond daar boven op die uitkijktoren en dacht: 'Eigenlijk is het allemaal zo gek nog niet. Er zijn een aantal dingen die wel anders moeten. Andere dingen moet ik gewoon slikken. Maar al met al: helemaal niet gek.' Het kan ook zijn dat je geschrokken bent van wat je zag, omdat je merkte dat je vastzat. Of dat je nog verder verwijderd was van Mooi Werk dan je in eerste instantie dacht. Misschien dacht je: 'Dit is foute boel. Het is de sport van een doolhof om een beetje te dwalen, maar ik ben helemaal in het verkeerde doolhof beland! Wat succes heet binnen dit doolhof, is voor mij nog steeds een mislukking.'

In deel 2 ga je aan de slag met de concrete taken van je baan. De vrijblijvendheid gaat er dus vanaf, omdat je niet langer vanuit je spreekwoordelijke luie stoel over Mooi Werk kunt dagdromen. Het is tijd om vuile handen te maken om Mooi Werk te realiseren! Dat is het grote verschil tussen deel 1 en deel 2. Vandaar dat we een kleine pauze inlassen. Om je een belangrijke vraag te stellen: *wil jij naar een betere baan, zónder weg te gaan?*

Should I stay or should I go?

We hebben dit boek geschreven vanuit onze ervaring met mensen die van hun baan Mooi Werk willen maken. Het is het product van onderzoek, lezen, denken, schrijven, fouten maken en experimenteren. We spreken uit ervaring. Maar de vraag of je moet blijven, kunnen we niet voor je beantwoorden. Dat kun je alleen zelf. Jij bent de enige die de ervaring heeft om te bepalen wat het antwoord is op de vraag of jij in je huidige baan Mooi Werk kunt zien. Met hulp van je eventuele gesprekspartner in dit proces kun je dingen duidelijk krijgen, maar de keuze is aan jou. Het kan namelijk zijn dat er geen andere weg is dan vertrek. Doe dat dan ook. Kijk rond. Experimenteer met alternatieven. Neem een kijkje buiten de deur en ervaar het verschil. Het is niet altijd wijs om je hele leven direct helemaal om te gooien. Misschien kan het voor een dag in de week, om te beginnen. Een stage is soms beter dan met veel kabaal deuren achter je dicht te trekken. Het voelt wel even lekker, maar die deur gaat niet zo gemakkelijk weer open. In de meeste gevallen is het wijs om je schepen niet achter je te verbranden, voordat je weet dat je vlot echt waterdicht is. En dat je buitenboordmotor het doet. Neem iemand in vertrouwen en maak voorzichtige keuzes. Een goede vaart gewenst!

Voor anderen zijn minder rigoureuze oplossingen denkbaar binnen hun eigen baan. Sommige mensen willen namelijk niet weg. In de kosten en baten die tegen elkaar worden afgewogen blijken werknemers veel waarde te hechten aan de sociale inbedding, ofwel de opgebouwde relaties met collega's, leveranciers en klanten. Verder zijn de opgebouwde status en de gedane investeringen in kennis en vaardigheden belangrijke zaken waaraan mensen zelfwaarde ontlenen: je bent wat en je kunt wat!

Anderen kunnen gewoon niet weg. Natuurlijk, in een vrij land kan iedereen iets anders gaan doen. Maar als je niet genoeg vet op je botten hebt om bijvoorbeeld een eigen zaak te starten, kan een hypotheek je aan een verworven zekerheid van inkomen vastketenen of kan een gebrek aan de juiste diploma's je de toegang tot andere banen ontnemen. Zeker wanneer deze banen schaars zijn en er veel concurrentie is. Net als op de huizenmarkt speelt het aanbod van banen op de arbeidsmarkt je dan parten. Naarmate de leeftijd van werknemers hoger is en/of het opleidingsniveau lager is, laat onderzoek zien dat er ook meer 'vastzittenden' in organisaties zijn. Vastzittenden willen wel weg, maar kunnen niet weg. Ze geven aan ontevreden te zijn met hun baan op verschillende aspecten, zoals salaris, uitdaging, steun van collega's of werkdruk. Maar ze voelen zich geketend en zien geen verdere kansen op de arbeidsmarkt.

Drie vormen van blijven

Voor mensen die niet radicaal kiezen voor een vertrek naar een andere werkgever of het starten van een eigen zaak (en dat zijn veruit de meeste mensen), zetten we drie alternatieven op een rijtje: capituleren, benoemen en craften. Alle drie komen voort uit onvrede, maar hun aanpak verschilt.

Capituleren

In dit geval laat je de onvrede voor wat het is. Je verzet je niet en geeft het idee op dat er meer uit je werk te halen valt. Je noemt jezelf een realist en zet je tanden op elkaar. Doorbijten. Natuurlijk is het naïef om te verwachten dat je altijd zonneschijn krijgt. En trouwens, enkel zonneschijn maakt het land tot een woestijn. Dus je past jezelf aan de situatie aan en neemt het leven zoals het komt. Al meerdere keren hebben we erop gewezen dat we Mooi Werk met nuchterheid willen benaderen en dat een droombaan voor de meesten niet is weggelegd. Iedereen heeft wel wat corvee te doen. Het kan van wijsheid getuigen als je het leven neemt zoals het komt. Te vroeg capituleren is echter geen teken van wijsheid, maar van een gebrek aan moed. Wanneer je in het vorige hoofdstuk stiekem aangesproken werd door de gedachten over hoop, bekijk dan nog eens of je echt wel een realist bent en geen cynicus door problemen te negeren. Onderschat niet hoeveel vrijheidsgraden je hebt!

Benoemen

Afhankelijk van de oorzaak van je onvrede kun je met een leidinggevende om de tafel gaan zitten om je problemen te benoemen. Je kunt aankaarten dat je vindt dat het tijd wordt voor loonsverhoging, nieuwe projecten, een opleiding of een aangepaste werkplek. Dan geef je de oplossing. Of je vertelt alleen je probleem, in de hoop dat daarvoor een oplossing te vinden is. Bijvoorbeeld omdat iets te veel voor je is. Of juist te weinig. Uit recent onderzoek blijkt dat verveling even schadelijk is als te veel werkdruk. En de effecten zijn vergelijkbaar. Als je je kapot hebt gewerkt, noemen we dat burn-out. Als je je letterlijk kapot verveelt, heet dat een bore-out. Een leidinggevende is de aangewezen persoon om aan te vertellen dat de balans in je werk ontbreekt. Het vraagt wel wat fijngevoeligheid om dat goed te doen: je kwaliteiten te benoemen zonder op te scheppen en je zwakte bespreekbaar te maken zonder te gaan zeuren.

Benoemen is al een actievere strategie dan negeren of capituleren. Maar je legt het vinden van de oplossing bij een ander. Toegegeven, een leidinggevende is deels ervoor verantwoordelijk om jou Mooi Werk te geven. Er is een taak weggelegd voor de leidinggevende. In adviestrajecten noemen we de rol van de leidinggevende bij Mooi Werk het 'in goede banen leiden'. Maar ergens is dat een zwaktebod. Net als in een medewerkerstevredenheidsonderzoek leg je de expertise buiten jezelf. In dat soort onderzoek is de baas degene die bepaalt wat de goede vragen zijn, hoe je scores verwerkt moeten worden en wat het management ermee gaat doen. Dit soort strategieën richt zich op een ander die invloed heeft op je situatie (leidinggevenden, regering, instanties). Maar je blijft zelf uiteindelijk passief, hoeveel moed er misschien ook nodig is om een dergelijk gesprek aan te gaan en de problemen te benoemen. Wanneer je zelf ook actief wordt, ga je craften.

Craften

De activiteiten die je onderneemt om van je werk zelf actief Mooi Werk te maken, vatten we al eerder samen onder de term job crafting. Deze benadering zet jezelf aan het roer. Met grote of kleine wijzigingen kun je aanpassingen maken die je werk mooier maken. Deze strategie veronderstelt dat je zelf iets kunt doen aan de (opkomende) onvrede met je werksituatie. Soms door te benoemen, maar het kan ook in stilte. De manieren waarop je dat kunt doen, is het centrale thema van deel 2.

De keuze is aan jou

De uitkomst van dit intermezzo is een keuze die je alleen zelf kunt maken. Ga je weg of hoop je op de mogelijkheid dat je naar een betere baan kunt, zonder weg te hoeven? En als je dan blijft, wat doe je dan met een knagend gevoel? Capituleren en je neerleggen bij de bestaande situatie? Benoemen en daarmee de verantwoordelijkheid bij een ander leggen? Of wil je zelf de verantwoordelijkheid nemen om Mooi Werk te realiseren? Dan ga je craften.

Leg dit boek maar eens rustig weg. Overweeg de opties. Bespreek het met mensen die je vertrouwt. En kies dan.

OEFENING

Maak je keuze door het vakje aan te kruisen dat voor je antwoord staat.

- ☐ Ik ga weg. Ik heb geen hoop op verbetering van deze situatie in mijn organisatie. Ik ga iets anders zoeken.
- ☐ Ik blijf en zet me over de problemen heen. Ik zal moeten leven met hoe het gaat. Ik negeer het probleem verder en ga door op de manier waarop ik bezig was.

▶

- ☐ Ik blijf en ga in gesprek met mijn leidinggevende. Ik ga benoemen wat het probleem is en ik hoop dat hij of zij er iets aan wil doen.
- ☐ Ik blijf en wil zelf actief worden in het vormgeven van mijn werk om er Mooi Werk van te maken. Ik wil het wel eens proberen, dat job craften!

Wanneer je besloten hebt om weg te gaan of de problemen te negeren, dan is deel 2 waarschijnlijk van weinig direct nut voor jou. Bedankt voor je vertrouwen. (Natuurlijk kan het geen kwaad toch nog even verder te bladeren, al was het alleen maar om te zien wat je mogelijk later nog eens gaat doen.)

Wanneer je besloten hebt om het probleem te benoemen en in gesprek te gaan, kan deel 2 je helpen om helder te krijgen wat nou precies het probleem is. Die diagnose kan het voor je leidinggevende gemakkelijker maken om er iets mee te doen.

Wanneer je besloten hebt om zelf actief aan de gang te gaan met job craften, is deel 2 speciaal voor jou geschreven. We willen je graag helpen bij het avontuur dat je aan wilt gaan.

DEEL II: JOB CRAFTING!

5 SLEUTEL EENS AAN JE BAAN

Wat is job crafting?

Een goede Nederlandse vertaling van job crafting is er eigenlijk niet. Soms wordt ernaar verwezen als 'baanboetseren', 'taakknutselen' of het 'kneden' van je werk (en dus niet het kneden van jezelf!). Liever hebben we het in dit boek over het 'sleutelen' aan je werk, waarbij we job crafting zien als een continu proces. In je huidige baan zijn genoeg mogelijkheden te vinden om van je werk Mooi Werk te maken. Elke werknemer kan sleutelen aan zijn werk om goed te blijven functioneren. Als je andere situaties naar je eigen hand kunt zetten, kun je dat ook op je werk.

JE BAAN ALS EEN HUIS

Vergelijk je baan eens met een woonsituatie. Zo mocht je van sommige hospita's en verhuurders van studentenkamers nooit een muurtje een andere kleur geven of de vloerbedekking vervangen. Soms werden deze kamers helemaal gestoffeerd opgeleverd. Om je in de kleine woonruimte toch thuis te voelen legde je een fleurig vloerkleed neer, won je met het inbouwen van een hoogslaper ruimte terug en hing je posters aan de muur. Zelfs een beperkte woonruimte kon je zo prima naar eigen smaak inrichten (tegenwoordig noemt men dat trendy *urban living*). Totdat je een vaste vriend of vriendin kreeg, afstudeerde en een baan vond. Je woonbehoeftes veranderden en je ging op zoek naar iets voor jezelf. De student die na jou de kamer kreeg, maakte er vervolgens weer iets heel anders van. En ook jij begon je nieuwe woonruimte opnieuw te schilderen en in te richten naar eigen (en soms totaal andere) smaak.

Met een (eerste) baan is het mogelijk hetzelfde als met een woonruimte. Je betrekt een mooi omschreven, getaxeerde en gestoffeerde baan. Maar dan begint het pas. Je bouwt naast je kerntaken gaandeweg wat activiteiten in waarmee je persoonlijke affiniteit hebt (voorzitter van de personeelsvereniging, OR-lidmaatschap), of je trekt bepaalde klanten naar je toe met wie een goede relatie is opgebouwd. Je spreekt met sommige mensen af samen een nieuwe klus op te pakken, je vraagt je baas of je wat later kunt beginnen en eindigen, omdat je dan met je partner kunt meerijden. Anderzijds probeer je routinetaken over te dragen aan nieuwe collega's en voor moeilijke werkoefeningen steun te zoeken. Totdat je promotie maakt of een andere baan vindt en degene die na jou komt de functie weer heel anders oppakt. En ook jij richt een nieuwe functie weer anders in, naar eigen smaak en kunnen.

Werknemers worden gevormd door hun opleiding en werkervaring, en zijn daardoor in staat om gegeven taken op een bepaald niveau te verrichten. Maar uit onderzoek van onder meer Justin Berg en collega's (2010) blijkt dat medewerkers zelf ook hun werk vormgeven, zodat het steeds beter aansluit bij wat ze kunnen en willen. Dat onderzoek leert dat werknemers zelf kleine aanpassingen in hun werk aanbrengen zodat het aansluit bij hun persoonlijke behoeftes, sterke kanten en capaciteiten. Je kunt bijvoorbeeld extra taken aan je baan toevoegen, taken anders uitvoeren of taken samen met collega's oppakken. Je kunt op heel veel verschillende manieren blijven sleutelen aan je takenpakket, werkomgeving, de betekenis van je werk of de sociale relaties in je werk. Job crafting beschouwen we dan ook niet als een nieuw wasmiddel op de winkelschappen, maar als een andere manier van de was (lees: je werk) doen.

Ondanks alle veranderingen in je baan en op persoonlijk vlak, kun je al craftende plezierig, betekenisvol en gezond werk behouden. Je sterke eigenschappen, behoeftes en vermogens kun je steeds opnieuw ijken, en daarmee je werk steeds opnieuw inrichten. Zie het als verbouwing van je baan, een kleine renovatie of het opnieuw inrichten van je dagelijkse werkzaamheden. En natuurlijk kun je niet zomaar de sloophamer in de hand nemen en aan de slag gaan. Bij een verbouwing van je huis is het belangrijk om van tevoren de volgende vragen te stellen:

- Stort mijn huis niet in als ik een muurtje weghaal?
- Moet ik hiervoor een vergunning aanvragen?
- Wat zullen mijn buren van een uitbouw vinden?
- Wat kost het me en wat doet het met de waarde van het huis?
- Wie gaat dit financieren?

▶

- Wat kan ik zelf en waarvoor moet ik hulp inschakelen?
- Hoe lang mag het allemaal duren?
- Kan ik niet beter verhuizen?

Bij een verbouwing van je baan is het goed om jezelf min of meer vergelijkbare vragen te stellen. Gaandeweg dit tweede deel zullen we stilstaan bij de vragen die opkomen met betrekking tot de kansen en de beperkingen van het verbouwen van je eigen baan.

Wat je wilt, maar vaak niet krijgt

Een belangrijke vraag heb je inmiddels al beantwoord: je wilt niet verhuizen naar een andere werkgever; je kiest er vooralsnog voor om in je huidige baan te blijven. Als Nederlandse werknemers wél van baan wisselen, is dat veelal omdat ze interessanter, uitdagender werk willen (SCP, 2005). Het percentage dat interessant werk als voornaamste reden voor een baan- of functiewissel noemt, is sinds de jaren tachtig van de vorige eeuw gestegen naar 25%. Het aandeel werknemers dat om redenen van een beter loon of meer toekomstzekerheid van baan wisselde, vertoont sinds eind jaren tachtig zelfs een (lichte) daling. Een interessante, uitdagende baan is dus in het algemeen een belangrijke drijfveer voor Nederlandse werknemers om bij hun baas te blijven.

Maar organisaties zijn niet altijd zodanig ingericht dat ze gedurende een langere tijd iedereen blijven voorzien van interessant, uitdagend werk. Goede organisaties zullen ervoor proberen te zorgen dat de opgedane kennis en vaardigheden zo lang mogelijk optimaal benut worden. Je kunt doorgroeien naar een zwaardere functie, waarbinnen je kennis en vaardigheden meer waard zijn. Je krijgt op dat moment ook meer betaald dan toen je binnenkwam en je je waarde nog helemaal moest bewijzen. Toch liggen loopbaanpaden voor een groot deel vast. Zou je hogerop willen, dan liggen daar vaak al uitgekristalliseerde functies voor je klaar. Wil je voorman in de bouw worden, dan komen daar ook administratieve handelingen bij kijken. Wil je teamleider worden, dan kun je rekenen op meer overleguren met andere teamleiders. Bovendien worden met elke trede omhoog in de organisatiepiramide zwaardere, interessantere functies steeds schaarser. Om ook als je niet klimt te blijven zorgen voor een gevoel van groei en waardering, kun je bij goed presteren wel klimmen op de loonladder zonder dat je baan wezenlijk verandert – je wordt er enkel beter in en de loonstijging houdt je in evenwicht. Maar een jaarlijkse loonsverbetering maakt je baan niet wezenlijk anders of interessanter. Dit biedt een van de verklaringen voor de bevinding dat uiteindelijk niet het salaris, maar het gebrek aan uitdaging in het werk vaker maakt dat werknemers beslissen te vertrekken. Immers, organisaties zijn er niet op gericht jouw persoonlijke interesses in het werk te vervullen; organisaties creëren amper nieuwe functies op maat.

HET ONTSTAAN VAN NIEUWE FUNCTIES

Wat gebeurt er als organisaties wel pogen nieuwe functies te creëren? Onderzoek naar de evolutie van 'nieuwe' functies werpt hierop een interessant licht. Relatief nieuwe functies zijn bijvoorbeeld *nurse practitioners* en mondhygiënisten. Ze bestonden voorheen niet en zijn om verschillende redenen in het leven geroepen. In de zorg was er bijvoorbeeld behoefte aan verpleegkundigen die meer medische taken konden verrichten om de dokter of chirurg te ontlasten. In tandartspraktijken zag je de opkomst van de mondhygiënist die ook verschillende tandheelkundige taken kan overnemen van de tandarts.

Nieuwe functies moeten, net als een nieuwe collega, hun plaats verwerven te midden van al bestaande functies. Hoewel er aan het ontstaan van de functie wel een idee ten grondslag lag, blijkt dat de uiteindelijke inhoud wordt bepaald door de wijze waarop collega's in bestaande functies reageren op de komst ervan. Zijn ze bereid daadwerkelijk taken af te staan en over te dragen? Accepteren 'normale' verpleegkundigen de nurse practioner als verpleegkundige-plus?

Onderzoek waarbij de ontwikkeling van de nieuwe functie tot een volwassen functie is gevolgd, toont dan ook aan dat er bijvoorbeeld bij nurse practioners in de eerste jaren een veelheid aan taken tot de functie ging behoren. Men wurmde zich bijna letterlijk tussen de bestaande functies en pakte alles aan. Daarna kromp het takenpakket geleidelijk tot een reeks onderscheidende taken voor die functie die in de jaren daarna niet veel veranderde. Bij mondhygiënisten bleek dat de ontwikkeling van de functie ook erg afhing van de tandartsenpraktijk waaraan de mondhygiënist verbonden is. Sommige tandartsen gaven meer ruimte voor het overnemen en samenwerken bij tandheelkundige ingrepen. In andere praktijken werd de functie beperkt tot relatief eenvoudige ondersteuning van de tandarts.

▸

Met nieuwe functies lijkt het in beginsel nog alle kanten op te kunnen. Werknemers testen eerst de taakruimte, krijgen de ruimte of deze wordt hen juist weer ontnomen. Onderscheidende taken bestendigen zich en vormen zo vrij organisch de uiteindelijke functie.

Wanneer jouw organisatie waarschijnlijk toch geen persoonlijk interessantere functies gaat creëren, waarom zou je dan eigenlijk blijven? Ons antwoord: omdat je tot op zekere hoogte zelf kunt sleutelen aan je eigen werk en er zo je eigen functie van kunt maken. Daarover gaat job crafting. Naar analogie van de bevindingen met nieuwe functies doe je dat door te besluiten dat je opnieuw gaat beginnen in je eigen werk. Hoe creëer je vanuit je bestaande baan een baan waarin je voor de komende tijd wilt en kunt blijven werken? Kortom: wat is ervoor nodig om je baan om te bouwen tot een baan waarin je nog jaren gezond, betekenisvol en plezierig werkt? Welke opties zijn er? Waar moet je je op voorbereiden? Wat zijn de valkuilen? Hoe kun je daarmee concreet aan de slag gaan? Deze vragen staan centraal in dit deel van het boek.

Het *wat, waarom, hoe en wie* van job crafting

Craftende werknemers sleutelen aan hun werk om een 'juiste plek' of juiste aansluiting met het werk voor zichzelf te creëren. 'De juiste man/vrouw op de juiste plek' is niet per se het doel waarmee alleen je manager, baas of P&O'er aan de slag is. En eerlijk gezegd, jijzelf weet toch het beste wat je past en niet meer past?

Wat?

Job crafting als begrip is ontstaan als een reactie op de gedachte dat je motivatie, welzijn en prestaties in het werk alleen bepaald worden door externe factoren als de functieomschrijving, de leidinggevende, de werkplek, de ontwikkelkansen en het loon dat ertegenover staat. Met blauwdrukken van 'goed' personeelsmanagement en een 'goede' baan zouden managers top-down het werk kunnen ontwerpen met als uitkomst dat werknemers meer gemotiveerd, gezond en productief zijn. Beleid en baan vormen de werknemer en niet andersom. Job crafting veronderstelt echter een dynamisch perspectief waarbij ook de werknemer actief is in het ontwerpen of aanpassen van zijn of haar baan.

MARX, SCHOPENHAUER OF TOCH BANDURA?

Of de mens zijn omgeving vormgeeft of door zijn omgeving gevormd wordt, is een klassieke filosofische vraag. Met betrekking tot het werk nam Karl Marx het laatste standpunt in: werknemers worden gevormd en geleefd door hun werk. De Duitse filosoof Schopenhauer zou een ander standpunt innemen: mensen zijn actieve vormgevers van hun eigen (werk)omgeving. De Canadese psycholoog Albert Bandura draagt een derde mogelijkheid aan: het is niet het een of het ander, mensen zijn zowel de producenten als het product van sociale systemen. Maar wat is nu waar?

In een grootschalig onderzoek van Frese en collega's (2007) onder voormalig Oost-Duitse werknemers na de val van de muur is geprobeerd hierop een antwoord te vinden. Dezelfde werknemers werden op vier verschillende tijdsmomenten gevraagd naar hun werkkenmerken en de mate waarin ze persoonlijk initiatief namen om werkwijzen te verbeteren, oftewel te craften. De onderzoeksresultaten tonen aan dat de baan(inhoud) niet alleen de werknemer vormt, maar dat de werknemer in het verloop van de tijd ook zijn of haar baan vormgeeft door nieuwe initiatieven te ontplooien in het werk. Wanneer het werk mogelijkheden voor initiatief biedt, zal de werknemer zijn of haar baan weer veranderen, wat weer mogelijkheden creëert om nieuwe veranderingen aan te brengen.

Deze resultaten bevestigen een kijk op werknemers als actieve spelers in de organisatie die zelf invloed uitoefenen op hun werkinhoud en werkomgeving in plaats van enkel te reageren op, of geleefd te worden door het werk. Werknemers doen hierbij niet altijd alles zelf. Het tonen van initiatief in het werk kan door leidinggevenden ook zodanig gewaardeerd worden dat men er nieuwe uitdagendere taken bij krijgt. Men wint dan het vertrouwen dat men goed kan omspringen met nieuwe taken en bevoegdheden. Zo wordt er een positieve spiraal van verandering in werking gezet. Bandura lijkt het het meest bij het rechte eind te hebben.

In dit perspectief is de werknemer dus niet het lijdend voorwerp dat het werk overkomt en daar al dan niet onder lijdt, maar een leidend voorwerp dat zelf de leiding neemt in het vormgeven van zijn baan.

Waarom?

Werknemers job craften om verschillende redenen. Enerzijds zijn ze gebaat bij een aansluiting van het werk op hun persoonlijke kennis, vaardigheden en vermogens om het met een gevoel van vakmanschap te kunnen uitvoeren. Anderzijds kunnen ze sleutelen aan de aansluiting tussen hun werk en hun persoonlijke voorkeuren, waarden, interesses of passies, om zo gemotiveerd hun werk te blijven doen. Wat het job craften moet opleveren is erg persoonlijk. In de literatuur worden verschillende motieven om te job craften onderscheiden, bijvoorbeeld:

- controle over het eigen handelen;
- een positief zelfbeeld;
- menselijk contact;
- een betekenisvolle bijdrage aan anderen of de maatschappij;
- het kwijt kunnen van persoonlijke sterke kanten en passies in het huidige werk;
- het voorkomen van of kunnen omgaan met negatieve aspecten van het werk.

Deze motieven kunnen resulteren in persoonlijke doelen in het werk.

PERSOONLIJKE WERKDOELEN IN ALLE SOORTEN EN MATEN

Persoonlijke projecten zijn niemand vreemd. In het dagelijkse leven kan het gaan om het opknappen van een oldtimer die al jaren in de garage staat of het bijhouden van je lp-verzameling door het aflopen van beurzen voor zeldzame platen. Ook je tuin, het voorzitterschap van de plaatselijke voetbalvereniging of vrijwilligerswerk kunnen zo'n project zijn. Met deze projecten streef je meer of minder expliciete persoonlijke doelen na die je na aan het hart liggen. Het afronden van kortlopende projectjes levert bijvoorbeeld een positief zelfbeeld op. Het voorzitterschap van de voetbalvereniging levert een betekenisvolle bijdrage aan het sportplezier van anderen.

In het werk stellen mensen zich ook persoonlijke doelen, naast de doelen zoals die rechtstreeks uit het werk of de functiebeschrijving voortkomen. De persoonlijke doelen kunnen heel verschillend zijn. In een Fins onderzoek van Hyvönen en collega's (2010) onder jonge managers tussen de 25 en 35 jaar werd aan hen gevraagd hun belangrijkste persoonlijke doel in hun werk of

▶

carrière op te schrijven. Er werden verschillende persoonlijke doelen genoemd die betrekking hadden op het ontwikkelen van bepaalde kennis en vaardigheden, het bereiken van een beter financieel resultaat, maar ook het bewaken van welzijn en gezondheid of het zorgen voor het behouden van de baan die ze hebben. Vooral de doelen op het gebied van welzijn en baanzekerheid zijn interessant omdat ze gaan over zogeheten *self-concerns*. Het zijn doelen om eigen persoonlijke problemen in het werk op te lossen die vaak voortkomen uit een gebrek aan welzijn. Men heeft dus het beeld dat het voor zichzelf beter moet gaan. De doelen betreffende het ontwikkelen van nieuwe kennis en vaardigheden worden het meest door jonge managers genoemd.

Ontwikkelingsdoelen zijn doelen die worden gesteld als mensen goed in hun vel zitten. Het zijn doelen waarbij mensen al wat verder in de toekomst kijken en zich niet te veel richten op het oplossen van de problemen in het nu. Belangrijk hierbij is dat men een beeld heeft van wat men in de toekomst wil zijn en wat men dan moet kunnen. Zo'n beeld van de toekomst heeft niet iedereen. Enerzijds omdat men te veel bezig is met *self-concerns* op de korte termijn, anderzijds omdat men voor zichzelf in de toekomst geen persoonlijk werkdoel kan formuleren. Het kan ook zijn dat hierdoor persoonlijke *werk*doelen in de loop van de tijd zijn ingewisseld voor persoonlijke *levens*doelen – men haalt niet alle betekenis uit het werk.

Toch hoeven zaken die je in je werk belangrijk vindt niet per se te botsen met levensdoelen. Sterke kanten die je buiten je werkdomein hebt opgedaan of verband houden met je persoonlijke leven kunnen in je werk geïntegreerd worden. Bijvoorbeeld: een bij een luchthaven werkzame werknemer met een voorliefde voor taal heeft er haar persoonlijk project van gemaakt om haar collega's wegwijs te maken in verschillende talen om internationale reizigers die geen Engels spreken beter te woord te kunnen staan. Dit raakt rechtstreeks aan haar werk en dat van haar collega's, en tegelijkertijd verenigt ze haar persoonlijke interesses in een persoonlijk werkdoel.

Dat persoonlijke werkdoelen er in alle soorten en maten zijn, maakt dat ook job crafting zich op veel verschillende wijzen kan voordoen. Het is belangrijk te erkennen dat de na te streven persoonlijke werkdoelen niet altijd in lijn hoeven te liggen met de doelen van de organisatie of van je collega's. Wat jij belangrijk vindt en wat jij zou willen aanpassen of toevoegen aan het werk, kan indruisen tegen het werkproces. Dit moet je van te voren afwegen om de haalbaarheid van je persoonlijke werkdoelen te bevorderen. Het is dan ook belangrijk dat je bij het job craften de doelen van de organisatie niet uit het oog verliest.

Hoe?

Hoe kun je nu job craften door zelf aan je eigen werk te sleutelen? Er kunnen verschillende soorten aanpassingen in het werk worden onderscheiden. Ze kunnen taakgericht, relationeel, cognitief of contextueel zijn. Het kan gaan om concrete bewerkingen van het takenpakket, maar ook om het aangaan van andere werkrelaties met collega's of klanten, of cognitieve aanpassingen door het werk op een andere manier te bekijken. Aanpassingen van de werkcontext houden in dat je dezelfde taken blijft doen, maar binnen een andere context, werkplek, werktijd. Het gaat vaak om kleine aanpassingen van het werk waarmee het beter bij je blijft aansluiten. Het gaat dus niet om het volledig herzien of verbouwen van je baan. In tabel 5.1 geven we een overzicht van de vier verschillende jobcraftingsvormen en enkele voorbeelden van jobcraftingstechnieken. We gaan in de volgende hoofdstukken verder in op het toepassen van de verschillende job craftingstechnieken bij elk van de jobcraftingstypes.

Tabel 5.1 Voorbeelden jobcraftingstechnieken

Jobcraftingstype	Voorbeelden jobcraftingstechnieken
Taakcraften: het actief aanpassen van het aantal en soort taken	• het toevoegen van betekenisvolle, uitdagende taken • het herverdelen van de aandacht voor persoonlijke interessante taken • het delen van belastende taken met andere collega's • het samenvoegen van versnipperde taken

Relationeel craften: het actief aanpassen van relaties met anderen	• het afstoten van belastende of betekenisloze taken • het aangaan van meer of juist minder relaties met anderen in het werk (ook samenwerken) • het aangaan van een ander type relaties • het vermijden/doorgeven van voor de medewerker negatieve werkrelaties
Cognitief craften: het actief aanpassen van je kijk op de betekenis van het geheel aan taken voor jezelf en voor anderen	• het vergroten van de bewustwording over de onderlinge samenhang tussen de huidige taken • het veranderen van het beeld van het doel van het werk • het veranderen van het beeld van wat het werk betekent voor anderen
Contextueel craften: het actief aanpassen van de werkplek/ werkomgeving/werktijd	• het herinrichten (of opfrissen) van de fysieke werkomgeving • het veranderen van de werkomgeving/werkplek • het aanpassen van de (hulp-) middelen waarmee de taken worden uitgevoerd • het veranderen van het tijdstip waarop het werk wordt uitgevoerd

Deels ontleend aan Wrzesniewski en Dutton (2001)

Om alvast een idee te krijgen van wat er kan worden verstaan onder de verschillende jobcraftingstechnieken geven we van elk een voorbeeld.

VOORBEELDEN VAN JOB CRAFTING

Taakcraften: toevallige trainingsrol

Een onderhoudsmonteur die voor de introductie van een nieuwe productietechnologie zich helemaal heeft verdiept in dit systeem gaat uit zichzelf nieuwe werknemers inwerken. Het geeft hem plezier en voldoening om op deze manier met verschillende mensen te werken en nieuwe werknemers zo beter te leren kennen. Sindsdien is zijn takenpakket aangevuld met een informele trainingsrol, waarbij hij alle nieuwe medewerkers wegwijs maakt in het werken met het nieuwe systeem, zonder dat deze rol formeel onderdeel uitmaakt van zijn werk.

Relationeel craften: schoonmakers als tour guides

Amerikaanse onderzoekers interviewden schoonmakers in het ziekenhuis over wat hun werk betekenisvol maakt en houdt. Sommige schoonmakers bleken persoonlijk betekenisvolle werkrelaties aan te gaan met patiënten en bezoekers van patiënten. Dit deden ze bijvoorbeeld door bezoekers de weg te wijzen en rond te leiden, of door het praten met patiënten die hun verhaal kwijt willen. Hierdoor krijgen ze het gevoel dat hun werk meer is dan alleen het schoonmaken. Ze voelden zich meer onderdeel van de gang van zaken in het ziekenhuis. De schoonmakers zien het sociale aspect van hun werk nu als een onderdeel van het genezingsproces van patiënten.

Cognitief craften: een groene pen doet wonderen

In een ingezonden brief in *de Volkskrant* beschrijft een oud-lerares de voordelen van het corrigeren van proefwerken met een groene pen in plaats van met een rode. Door de juiste antwoorden groen te onderstrepen in plaats van de foute met een rode pen door te strepen legt zij volgens haar de nadruk op datgene wat leerlingen goed hebben gedaan. Dit geeft hen meer zelfvertrouwen. Ook voor haarzelf verandert het werk hierdoor: 'Deze aanpak motiveert enorm. Ik voel mij een betere leerkracht.' Door een kleine aanpassing in de werkwijze (het gebruik van een groene pen in plaats van een rode) veranderde de oud-lerares het beeld van haar werk.

▶

Contextueel craften: geboorteloket in het ziekenhuis
Vanuit ambtenaren van de burgerlijke stand kwam het idee om ook een geboorteloket in een ziekenhuis te openen. Direct na de geboorte van het kind kunnen de trotse ouders ter plekke aangifte doen. Ambtenaren die de geboorteaangiften verwerken, kwamen zo in een andere omgeving, waarbij ze het gevoel hadden dat ze zich meer dienstbaar naar de burger opstelden en onderdeel uitmaakten van het dagelijkse leven. Aan de taken veranderde in wezen niets. De verandering van de omgeving kan echter wel bijdragen aan de betekenis van het werk voor anderen en meer persoonlijk werkplezier.

(Met) wie?
Zoals al eerder gezegd, hoeft het sleutelen aan je eigen werk geen solistische activiteit te zijn. Vaak heb je in je werk anderen nodig om je persoonlijke werkdoelen te bereiken. Dit kunnen je directe collega's zijn of je leidinggevende. Het voorbeeld van het gebruiken van een groene pen voor het nakijken van werkstukken in plaats van een rode pen, toont aan dat dit niet altijd het geval hoeft te zijn. De ambtenaren van de burgerlijke stand die samen het plan smeden om in het ziekenhuis geboorteaangiften te verwerken, krijgen ongetwijfeld zowel met elkaar te maken (Wie gaat wanneer? Wil iedereen dit?), als met de leidinggevende (Waarom willen jullie dit? Hoe gaan we dat loket inrichten?) en het ziekenhuis zelf (Waar kunnen we zo'n loket plaatsen? Hoe denk je dat de kersverse ouders zullen reageren?). Kortom: werken doe je vaak niet alleen, dus job crafting vaak ook niet.

DE MEERWAARDE VAN COLLECTIEF CRAFTEN

In een recent onderzoek onder werknemers van verschillende kindercrèches en naschoolse opvang in de Verenigde Staten werden werknemers gevraagd in welke mate ze individueel of juist gezamenlijk hun werk aanpasten om het te verrijken. De mate waarin de kinderleidsters gezamenlijk speciale dingen deden voor kinderen (met hun verjaardag, of dingen meenamen van thuis om de werkplek te versieren), het werk voor zichzelf makkelijker maakten of nieuwe manieren van werken uitprobeerden, bleek daarbij bij te dragen aan een positieve beoordeling door de officiële inspectie van de centra. Wanneer deze ▶

dingen door kinderleidsters vooral op eigen houtje werden ondernomen, bleek dat niet bij te dragen aan de beoordeelde kwaliteit van de centra. Het kwam ook niet ten goede aan de baantevredenheid van de actieve kinderleidster zelf. Het leek er meer op dat individuele acties duiden op vervreemding van de rest van de collega's (andere kijk op hoe het werk gedaan moet worden) in plaats van als werkexperimenten te werken die bijdragen aan een verbeterde kwaliteit van de dienstverlening.

Het nastreven van een gezamenlijk werkdoel kan een manier zijn om het werk aan te passen zonder anderen te benadelen. Denk aan twee collega's die afspreken om bepaalde minder leuke taken die ze normaal afzonderlijk van elkaar doen samen op hetzelfde tijdstip uit te voeren, waardoor ze minder opzien tegen die taken en elkaar zo nodig kunnen ondersteunen. Het betreft hier een kleine aanpassing, waarbij men elkaar nodig heeft en waaraan men beiden iets heeft. Individueel en collectief job craften hoeven elkaar niet uit te sluiten; werknemers kunnen beide vormen toepassen. Vooral in banen waarin werknemers afhankelijker zijn van elkaar, ligt het voor de hand dat zij meer samen job craften, omdat aanpassingen in het werk van de een dan vaker consequenties heeft voor het werk van de ander.

Job crafting: een werkdefinitie

Theoretisch is het jobcraftingsconcept nog steeds in ontwikkeling. Praktisch zijn er inmiddels verschillende voorbeelden van jobcraftingstechnieken die werknemers zelf of gezamenlijk toepassen om een eigen persoonlijk werkdoel na te streven. De een ingrijpender dan de ander. Om helder voor ogen te houden waar we het bij job crafting in dit boek over hebben, hanteren we de volgende werkdefinitie:

Job crafting is:

- het zelf of gezamenlijk met collega's mooier maken van je eigen werk door concrete aanpassingen aan te brengen in taken, relaties, cognities of context,
- gericht op het creëren van mooi werk middels het versterken van de aansluiting van het werk op je persoonlijke behoeftes, sterke kanten, interesses en fysieke en cognitieve capaciteiten,

- vanuit je eigen motivatie en inzicht in de ruimte die het werk biedt voor aanpassingen,
- ter bevordering of behoud van uitdagend, betekenisvol en gezond werk,
- met oog voor organisatiedoelstellingen en zonder collega's of klanten te benadelen.

Vooruitblik: met de kern aan de slag

Voor job crafting dien je eerst goed te weten aan welke onderdelen van je werk je kunt sleutelen. In de volgende hoofdstukken leer je hiervoor een diagnose te maken van je huidige werk. Het zal duidelijk worden welke mogelijkheden er in je huidige baan zitten om aan te sleutelen. Daar komt ook de waaromvraag aan de orde: waarom sluiten sommige onderdelen van je werk nier meer aan bij je behoeftes, sterke kanten en capaciteiten? In enkele stappen (afhankelijk van de aard van de taak en het probleem met dit werkonderdeel) leer je te experimenteren met een andere manier van werken. Je gaat zien wat dit experiment betekent voor anderen (collega's en leidinggevenden), en hoe je anderen kunt blijven betrekken bij jouw werk.

6 DE KERN VAN JE WERK

Mooi Werk is als een puzzel. Wat je mooi vindt en wat je goed kunt, moet tot op een bepaalde hoogte aansluiten op je huidige werk. Concreet zijn dat je werkzaamheden, opdrachten, projecten, klussen of taken die in eerste instantie vastliggen in je functieomschrijving. Als je die taken als puzzelstukjes bij elkaar legt, zie je een beeld van je werk of beroep verschijnen. Maar deze aansluiting is nooit helemaal perfect en stabiel. Zo kan gedurende de jaren dat je in dezelfde functie werkzaam bent de 'werkpuzzel' aangevuld worden door extra taken en verantwoordelijkheden. Ook kunnen werkzaamheden die je voorheen veel deed, minder worden (bijvoorbeeld door automatisering), of vervangen worden door andere taken. Waar het in het begin duidelijk was wat je precies deed in je werk, kan het beeld van je werk in de loop der jaren vertroebelen. Als je op dit moment de puzzelstukjes van je eigen werkpuzzel bij elkaar legt, wat zie je dan? Is wat je dacht dat de kern van je werk was, nog steeds het belangrijkste? Hoe zijn andere taken de kern van je werk gaan beinvloeden?

In dit hoofdstuk maak je allereerst een diagnose van je eigen werk in vijf stappen. In deze concrete stappen leg je je eigen werkpuzzel en stel je jezelf de vraag of het beeld dat opdoemt je aanstaat. Deze diagnose biedt de opmaat voor de volgende hoofdstukken, waarin je op zoek gaat naar passende manieren om aan je eigen werk te sleutelen.

Topjes van de functie-ijsberg

Soms zijn beroepen of functies breder of qua tijdsbesteding anders dan we denken. Nemen we bijvoorbeeld een chirurg. Het grootste deel van de werktijd staat hij in de operatiekamer. Maar daarnaast maakt hij zijn rondes door het ziekenhuis, doet hij de patiëntenadministratie en geeft hij leiding aan de maatschap. Een ander essentieel onderdeel van het werk is het bijhouden van de laatste kennis op het gebied van zijn specialisme door congressen te bezoeken en met andere chirurgen te praten over het vak. Het opereren zelf is echter de meest zichtbare taak en vormt de kern van het werk.

Hoe anders is dat voor bijvoorbeeld een brandweerman. Wat is hier de crux van het werk? Brand blussen? Nee. Qua tijdsbesteding is het blussen van brand eigenlijk maar een kleine taak. Het echte bluswerk neemt veel minder van zijn tijd in beslag dan bijvoorbeeld onderhoud, voorlichting, brandpreventie of het controleren van nooduitgangen of brandwerende deuren. Het blussen van brand en het redden van mensen uit een brandhaard is slechts het zichtbare en stereotiepe topje van de functie-ijsberg. Wat is de crux van jouw werk?

STAP 1: WAT DOE JIJ IN JE WERK?

Belangrijk voor een realistisch beeld van je werk is allereerst je taken en werkzaamheden onder te verdelen in grote, middelgrote en kleine taken. Hoe zijn je werkzaamheden qua tijd eigenlijk verdeeld? Hoe divers is daarmee je werk? Neem alle activiteiten die je in je werk onderneemt voor ogen (mogelijk ook je inspanningen als lid van de personeelsvereniging of als maker van de halfjaarlijkse nieuwsbrief).

Weet dat je deze stap in hoofdstuk 2 van dit boek al hebt voorbereid. Kijk nog eens naar figuur 2.1 in dat hoofdstuk. Daar heb je verschillende taken in je werk reeds opgeschreven. Neem dit lijstje van ongeveer tien taken nog eens voor je, maar neem er meteen een pakje grote, middelgrote en kleine gele Post-its bij. Je weet wel, van die (vaak gele) plakbriefjes. Ze zijn in verschillende kleuren en in verschillende soorten en maten te verkrijgen (de HEMA heeft alles). Knip met een schaar desnoods een stapeltje Post-its doormidden. Of doe deze oefening digitaal met behulp van het online werkboek op www.mooiwerkboek.nl.

mooiwerkboek.nl

OEFENING

Taakdiagnose

Dit is een belangrijke oefening. Hij vormt de basis voor veel van de oefeningen in de komende hoofdstukken. Neem daarom de tijd en stel jezelf de volgende vraag: hoe groot zijn de werkzaamheden en taken die deel uitmaken van je werk?

▶

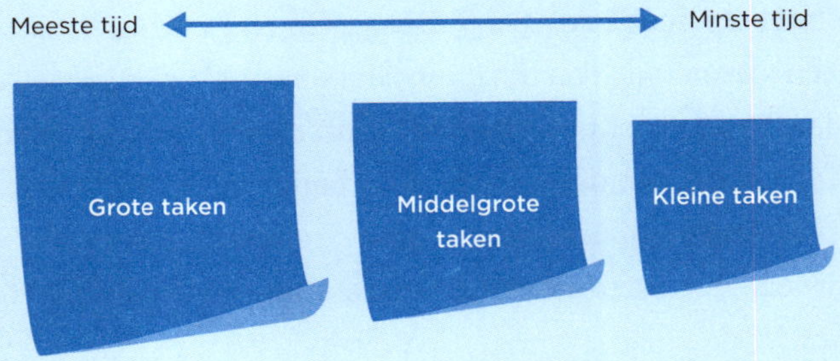

1. Neem de eerder in hoofdstuk 1 onderscheiden taken of onderscheid opnieuw ongeveer tien taken.
2. Schrijf ze op basis van de tijd die je eraan besteedt op de grote, middelgrote en kleine Post-its. Elk van de ongeveer tien taken schrijf je dus op een aparte Post-it.
3. Taken kunnen onderscheidend zijn omdat ze bijvoorbeeld verschillende kennis en vaardigheden vereisen, je ze met verschillende personen (of juist alleen) verricht, ze meer of minder zichtbaar zijn voor anderen, ze formeel tot je werk behoren of juist extra zijn of dat ze op verschillende plekken worden uitgevoerd.
4. Zie je dit soort verschillen ook terug in je eigen taakdiagnose?

Uitkomst

Je hebt nu een helder beeld van de verschillende werkzaamheden of taken die je allemaal uitvoert en hoeveel werktijd ze relatief in beslag nemen.

Een veranderende kijk op werk

Met het onderscheiden van (middel)grote en kleine taken zie je uit welke onderdelen je werk bestaat. Het verbaast mensen soms wat ze allemaal doen als ze het eens voor zichzelf opschrijven en opplakken. Dat weten we uit ervaringen die we zelf hebben opgedaan met deze oefening, bijvoorbeeld bij het verplegend en verzorgend personeel van een bejaardentehuis. De taakdiagnose die de zij van hun eigen werk maakten, nodigde al meteen uit tot een levendige discussie over hun werk. We gaan in dit hoofdstuk wat dieper in op de vraag hoe de verzorgenden naar hun werk gingen kijken door de verschillende stappen te doorlopen.

Iedereen kan zich iets voorstellen bij het werk van verzorgend personeel in een bejaardentehuis. Ze houden een huis draaiende met een mix aan taken, waarbij ze de bewoners helpen van het opstaan tot het naar bed gaan. Ze zorgen voor het wassen van de bewoners en het aankleden en moeten letten op de medicatie. Daarnaast zijn er de sociale activiteiten en het contact met de familie. Minder zichtbaar zijn de taken waarbij men moet administreren hoe het met de bewoners gaat in zogenoemde persoonlijke zorgplannen. In een taakdiagnose die met een groep van twintig verzorgenden is verricht, hebben we de verschillende taken eens bij elkaar gelegd. Het takendiagram laat de optelsom zien van de meest genoemde taken en hoe groot die qua tijdsverdeling werden beoordeeld (zie figuur 6.1).

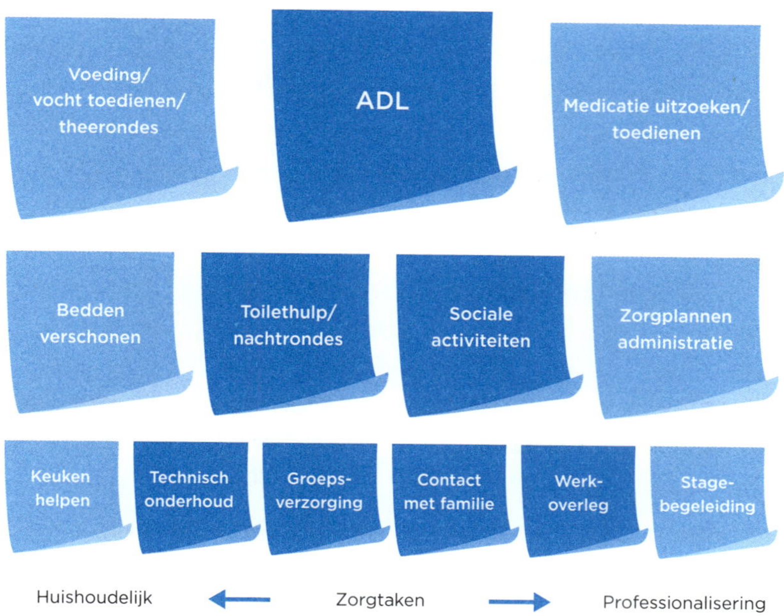

Figuur 6.1 Takendiagram verzorgenden

Het takendiagram toont aan dat, naast het doen van de theerondes langs de kamers en het uitzoeken, klaarzetten of toedienen van medicatie, de ADL-taken (ADL = activiteiten van het dagelijkse leven) de meeste tijd vragen. ADL-taken zoals lichamelijke verzorging en aan- en uitkleden vormen de kernactiviteiten van het beroep van verzorgenden. Uit een groepsgesprek met de verzorgenden blijken ook sociale activiteiten, cliënt- en werkoverleg en contact met de familie belangrijke onderdelen van het werk. Wat hebben ze met elkaar gemeen? Elk van de taken is anders, maar verzorgenden zien de samenhang in het feit dat ze er alle op gericht zijn de bewoners een goede zorg en betekenisvol verblijf te bieden.

Anders is het voor de taken aan de randen van het takendiagram. Aan de rechterkant constateren de verzorgenden een toename aan taken en tijdsbesteding. Medicatie uitzoeken is een verantwoordelijke taak en de gegevens daarvan moeten uit een computersysteem worden gehaald. Maar vooral het bijhouden van individuele zorgplannen via de computer en de overdracht van specifieke bewonersinformatie aan andere collega's is een taak geworden die flink is gegroeid. Voor de verzorgenden die soms al vijftien tot twintig jaar in het bejaardentehuis werken is dat een fikse toename van de professionalisering van het werk.

Aan de linkerkant van het takendiagram zijn vooral taken te zien die de verzorgenden als huishoudelijke klusjes ervaren: helpen in de keuken, met een theekar rondgaan, bedden verschonen. Uit een gesprek met de verzorgenden blijkt dat dit taken zijn die van oudsher bij het werk horen. Maar met de druk die de 'nieuwe' taken uitoefenen op de kern van het werk, vragen steeds meer medewerkers zich af of de huishoudelijke taken nog wel bij hun werk horen. Vooral voor de nieuwe jonge werknemers zijn dat niet de taken die zij vinden passen bij het beeld van de functie waarvoor ze zijn opgeleid.

STAP 2: HOE ZIET JE WERK ERUIT?

Om een beeld te krijgen van de kern van je werk maak je allereerst het overzicht van je taken compleet. In de volgende oefening maak je daarvoor een takendiagram van je eigen werk.

mooiwerkboek.nl

OEFENING

Takendiagram

In stap 1 heb je ongeveer tien grote, middelgrote en kleinere taken onderscheiden en op Post-its beschreven. Zet vervolgens de taken met ongeveer dezelfde omvang bij elkaar door de Post-its volgens het in figuur 6.2 weergegeven voorbeeld op een A4'tje te plakken.

Als je merkt dat een taak relatief toch substantieel groter is dan een andere, maak dan gerust een nieuwe Post-it en plak deze op. Zorg ervoor dat je uiteindelijk naar een takendiagram kijkt waarbij de relatieve tijdsbesteding correspondeert met je werk op dit moment. Je hoeft geen exacte indicatie te hebben van de tijdsbesteding. Begin bijvoorbeeld met de grootste taken en beoordeel of andere taken kleiner of veel kleiner zijn qua tijdsbesteding.

Je takendiagram zou er uiteindelijk kunnen uitzien zoals in figuur 6.2 is weergegeven (maar ook andere varianten zijn denkbaar).

Figuur 6.2 Voorbeeld takendiagram

Uitkomst

Een helder beeld van de relatieve tijdsbesteding aan taken in je werk.

De samenhang tussen je taken?

Zoals het voorbeeld van de verzorgenden al liet zien, beoordelen zij verschillende taken anders. Ze zien desgevraagd samenhang tussen sommige taken, vooral op basis van het doel dat die taken dienen, namelijk:

- Het zorgen voor een goede zorg en goed verblijf in het zorgcentrum (= zorg).

- Het volgen van de organisatorische richtlijnen en kwaliteitseisen met betrekking tot medicatie en het bijhouden van zorgplannen (= professionalisering).
- Het op orde en schoon houden van het zorgcentrum en het verzorgen van de catering (= huishoudelijk).

Deze driedeling geeft een idee van hoe de aard van je taken kunnen verschillen in termen van de bijdrage, de betekenis of het doel van de werkzaamheden.

De verzorgenden dachten vooral in termen van wie ze direct of indirect dienen met het werk dat ze doen. De hulpbehoevende bewoners van het centrum waren daarbij logischerwijs de belangrijkste groep die ze voor ogen hadden. De taken aan de professionaliseringskant van het beroep waren minder zichtbaar voor de bejaarde bewoners en leken vooral te gaan over de wijze waarop de verzorgenden volgens de organisatie en het management met het werk (administratief) moeten omgaan. De administratie doen ze niet voor de bewoners, maar voor de organisatie! Ook bij de huishoudelijke taken lieten de verzorgenden in gesprekken doorschemeren dat deze taken in hun ogen vaak niet direct een bijdrage leveren aan de zorg en welzijn van de bewoners. Sterker: buiten het verzorgende personeel was er een keukenploeg die volgens de verzorgenden voor zowel het eten als de theerondes moesten zorgen – dit zijn immers cateringswerkzaamheden. Ook hier geldt: de verzorgenden doen huishoudelijke taken niet voor de bewoners, maar voor de organisatie (in dit geval de keukenploeg).

Toch zag niet iedere verzorgende het rondbrengen van thee als een gewone keukentaak. Een ervaren verzorgende begreep er helemaal niets van dat collega's die theetaak zo beoordeelden. Zij betitelde deze taak zelf als 'vocht toedienen' – als een medische zorgtaak dus. Ze had in haar opleiding altijd geleerd dat het voor oudere mensen noodzakelijk is dat ze regelmatig vocht binnenkrijgen om te voorkomen dat ze uitdrogen. Voor haar was het doel van de taak dan ook anders dan voor sommige van haar collega's.

STAP 3A: WAT ZIJN DOELEN VAN JE WERK?

Om tot een goed beeld van je werk op dit moment te komen, is het belangrijk om het doel van je verschillende taken te beoordelen. Waaraan draagt het bij? Voor wie doe je het?

mooiwerkboek.nl

OEFENING

Werkdoelen

Denk eerst eens na over welke doelen je met je werk dient, waaraan taken direct bijdragen. Deze doelen kunnen bij eerste overdenking heel abstract zijn (winst maken, zorgen voor een betere wereld) of heel specifiek (zorgen dat ik het juiste bedrag in de kassa intik). Probeer maximaal vijf primaire werkdoelen te formuleren. Onderscheid daarbij de verschillende belanghebbenden. Wat is een belangrijke uitkomst van je werk en voor wie?

Vergeet daarbij vooral jezelf niet als belanghebbende! Soms doe je ook gewoon taken omdat je er zelf iets wilt uithalen (bijvoorbeeld, je hebt je vrijwillig aangemeld om regelmatig de website bij te houden omdat je je graag verbonden wilt voelen met je afdeling of organisatie).

Kortom: denk aan belanghebbenden als:

- klanten, bijvoorbeeld patiënten, leerlingen, passagiers, kopers, burgers;
- management, bijvoorbeeld leidinggevende, teamleider, afdelingshoofd;
- externen, bijvoorbeeld partners, financiers, belangenorganisaties;
- directe collega's;
- jezelf.

Schrijf die belangrijkste doelen of opbrengsten van je werk voor verschillende belanghebbenden eens op (zie figuur 6.3).

Doelen/opbrengsten van je werk	**Voor...**
...	klanten
...	management
...	externen
...	directe collega's
...	jezelf

Figuur 6.3 Verschillende doelen/opbrengsten van je werk

Veel mensen vinden het moeilijk om de doelen van hun werk te formuleren. Ze weten vaak wel wat ze doen, maar waarom en voor wie zakt soms even weg in het geheugen. Zoals al bleek bij het verzorgende personeel beschouwden zij een goed en gezond verblijf voor de bewoners van het bejaardentehuis als de belangrijkste uitkomst van hun werk. Daar hechten ze de meeste waarde aan. Verzorgenden bleken gevoelig voor het hebben van minder tijd voor deze kerntaken. In veel beroepen zijn de belanghebbenden minder zichtbaar dan in de zorg. Wat is het doel van een autoverkoper? Het rijgenot van de klant of toch voornamelijk het zorgen voor het behalen van een zo groot mogelijke marge voor de baas? Misschien wel beide? En wat zijn de doelen in het werk van een accountant, een inkoopmanager, een architect, een medewerker buitendienst of een advocate? Hoe zie je je eigen doelen terug in het werk dat je doet? Daarover gaat de volgende stap.

STAP 3B: WELKE TAKEN DIENEN WELK DOEL?

Kijk nu eens naar het takendiagram dat je in stap 2 gemaakt hebt en de doelen die je in stap 3a hebt onderscheiden. Cluster de taken die eenzelfde doel dienen en bijdragen aan eenzelfde opbrengst voor een bepaalde belanghebbende. Vraag je bij afwijkende taken af waarom deze anders zijn.

mooiwerkboek.nl

OEFENING

Taakclustering

Plak de geclusterde taken dichter bij elkaar en schrijf de doelen/opbrengsten tussen de Post-its (zie figuur 6.4).

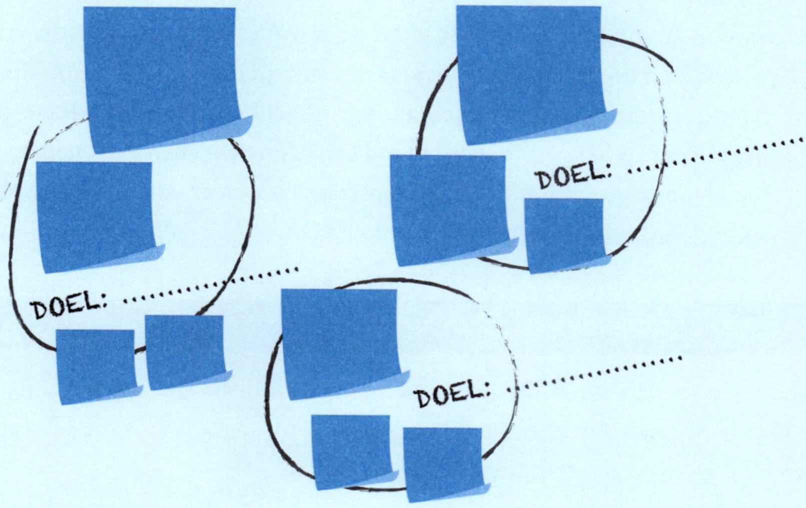

Figuur 6.4 Taakclustering rond verschillende doelen

Uitkomst

Een helder beeld van de samenhang tussen taken op basis van het doel dat ze dienen.

Veranderingen in de tijd

We blijven nog even bij de functie van verzorgende, een functie die door een nieuw zorgverzekeringsstelsel en jarenlange bezuinigingen onder druk is komen te staan. Media hebben er in de afgelopen jaren uitgebreid aandacht aan besteed en regelmatig excessen aan het licht gebracht met betrekking tot het gebrek aan tijd en middelen om oudere bewoners een waardige zorg te kunnen bieden. Wat niet vergeten moet worden is dat ook de zorgzwaarte toeneemt naarmate bewoners en mensen in het algemeen een hogere levensverwachting hebben. We worden ouder, maar daarmee worden de verzorgenden ook geconfronteerd met meer 'zware gevallen' dan vroeger. Deze mix van ontwikkelingen heeft invloed op het werk.

Iedere bewoner heeft tegenwoordig een individueel zorgplan en medicatiedossier. Het dossier moet goed worden bijgehouden voor de zorgverzekeraars. Dit betekent dat er de laatste jaren nieuwe taken zijn bijgekomen als het gaat om de administratie van hoe het met de patiënt gaat. Voor de verzorgenden betekent het dat ze zorgdossiers op de computer moeten bijhouden. Dat heeft natuurlijk ook voordelen: andere collega's weten nu beter wat er bij de bewoners speelt. Wat ook speelt is dat de bewoners meer zorg en dus meer tijd vragen dan vroeger. Traditionele taken veranderen dus ook. Hoe slechter de fysieke, maar zeker ook de mentale gezondheid van bewoners, des te meer tijd het bijvoorbeeld kost om mensen aan te kleden of het bed in te helpen. Iemand die niet meegeeft bij hulp bij het opstaan, wassen en aankleden is volgens de verzorgenden minimaal twee keer zo zwaar.

STAP 4: VERANDERINGEN IN JE WERK?

Om tot een goed beeld van je werk te komen is het belangrijk de veranderingen in je takenpakket te beoordelen. Zijn er sinds je dit werk doet nieuwe taken bijgekomen? Zijn traditionele taken veranderd?

mooiwerkboek.nl

OEFENING

Taakdynamiek

Neem weer alle Post-its die je gemaakt hebt en vraag je bij elk van je taken af of ze traditioneel tot je werk behoren of dat ze relatief nieuw zijn. Stel je daarnaast meteen de vraag of de desbetreffende taak qua tijdsbesteding gegroeid of gekrompen is sinds je deze taak uitvoert (zie figuur 6.5).

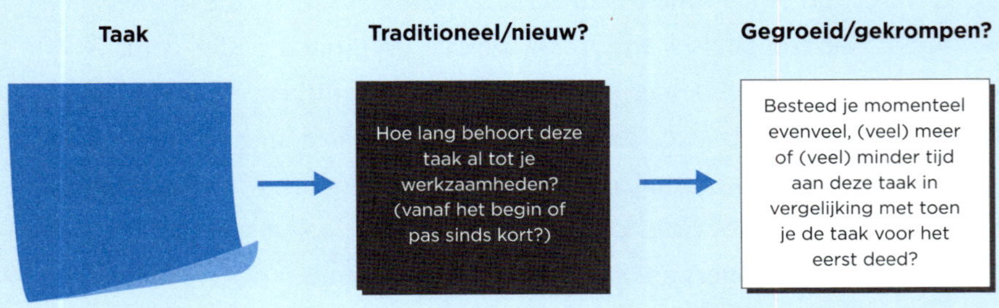

Figuur 6.5 Twee vragen over de taakdynamiek

Teken nu op een A4'tje een groot kruis (zie figuur 6.6). Zet aan het eind van de horizontale lijn 'traditioneel' (links) en 'nieuw' (rechts). Zet aan het eind van de verticale lijn 'gegroeid' (boven) en 'gekrompen' (onder). Plaats de verschillende Post-its zowel op de as van 'traditioneel-nieuw' als op de as 'gegroeid-gekrompen' (zie figuur 6.7).

Wat valt op? Is je werk veel veranderd sinds je deze functie bekleedt? Vooral nieuwe taken? Veel veranderingen in de daadwerkelijke tijdsbesteding aan taken? Of beide?

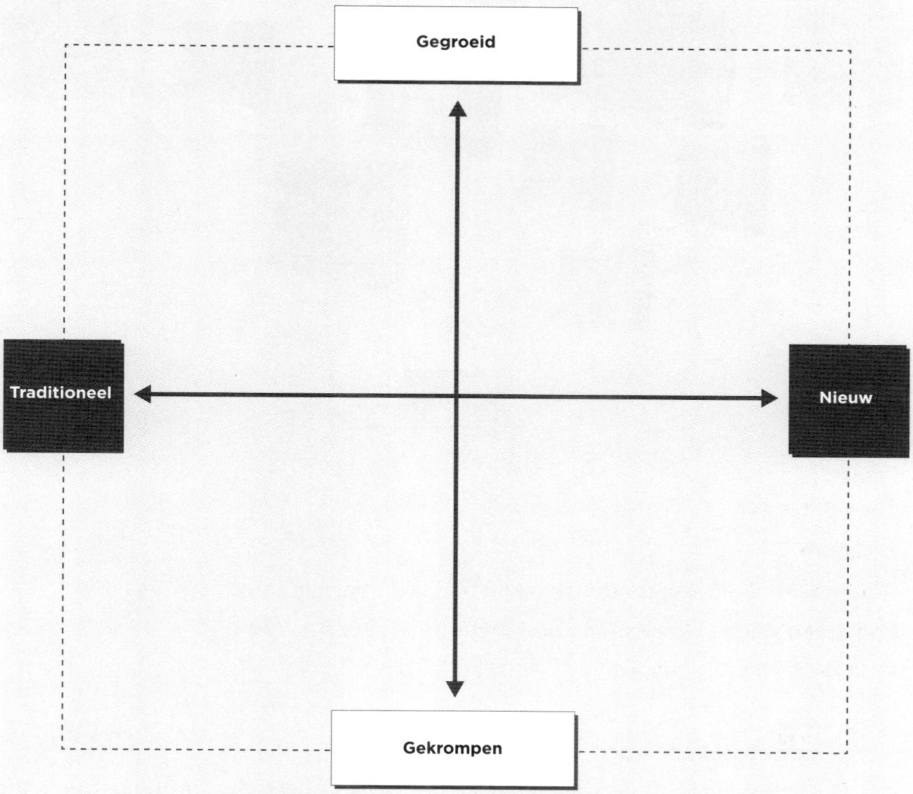

Figuur 6.6 Teken eerst een kruis op een A4'tje

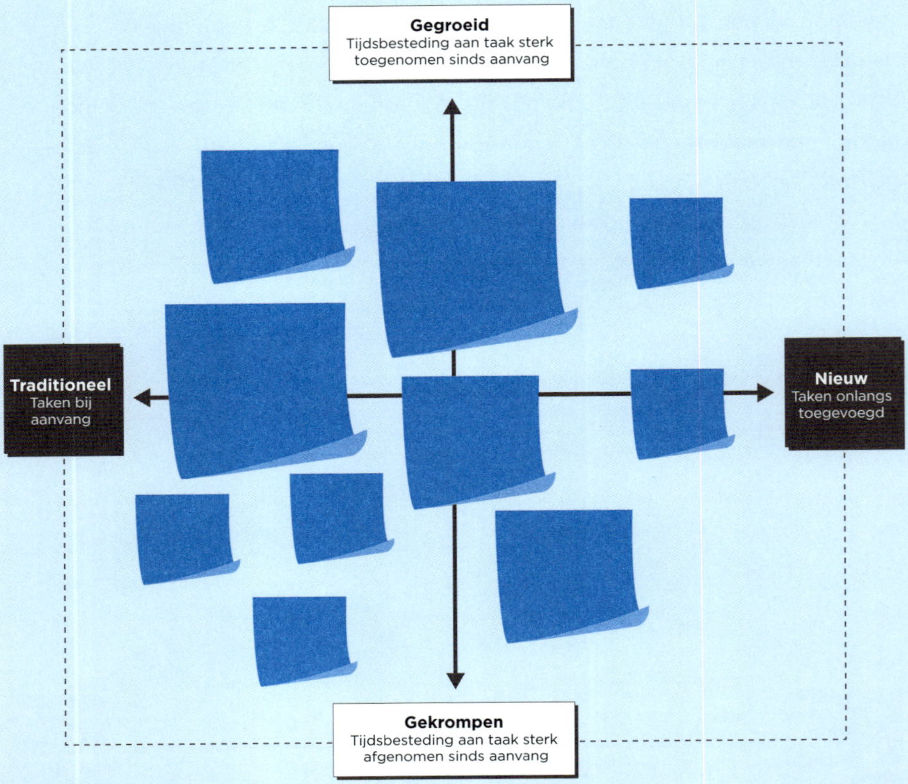

Figuur 6.7 Voorbeeld van de taakdynamiek in een functie

Uitkomst

Een helder beeld van de dynamiek in het takenpakket en de tijdsbesteding aan taken sinds je aanvang in de functie.

Conclusie: de kern van je werk

Het verzorgend personeel dat diende als voorbeeld in dit hoofdstuk heeft in verschillende stappen hun eigen werkpuzzel gelegd. Uit de oefeningen werd duidelijk dat zij in de praktijk, naast een grote hoofdtaak (de ADL-werkzaamheden), een grote variëteit aan taken hadden waarmee verschillende doelen en belanghebbenden werden gediend. Uit de verdere groepsgesprekken over de kern van hun werk bleek dat verschillende administratieve taken een groter onderdeel van hun werk zijn geworden.

Wat zei dit alles over hun werk? In ieder geval dat ze niet langer dezelfde functie hebben als de verzorgende functie die de meesten van hen aanvankelijk hadden. De veelzijdigheid van het werk is duidelijk toegenomen, wat zeker ook als waardevol element van het werk werd genoemd. Het nadeel was echter dat voor sommigen van hen het beeld van de kern van hun werk was vertroebeld. Een van hen zei bijvoorbeeld: 'Ik doe van alles, maar of de bewoners hier nu extra bij gebaat zijn, is maar de vraag.'

De oefeningen met hun eigen werk maakten het mogelijk om het over de kern van het werk te hebben. Wat doe ik nu eigenlijk? Hoeveel? Voor wie? En hoe is dat in de afgelopen jaren veranderd? Dat zijn belangrijke vragen voor de eerste stappen in de richting van Mooi Werk.

STAP 5: HOE ZIET JE WERK ER NU UIT?

In de stappen 1 tot en met 4 heb je een beeld van je huidige werk gecreëerd. Daarbij zijn verschillende aspecten van je werk of functie belicht die iets zeggen over de veelzijdigheid en dynamiek van je baan. Op basis hiervan kun je de kern van je werk formuleren.

mooiwerkboek.nl

OEFENING

Kern van je werk

Kijk nu naar de tekst in figuur 6.8. Wat zou jouw conclusie zijn als je op basis van de uitkomsten bij elke stap het voor jou meest passende antwoord moet omcirkelen?

Stappen	Typering
1 Gevarieerd?	Op basis van het aantal verschillende taken blijkt dat mijn werk ERG/WEINIG gevarieerd is.
2 Omvangrijk?	Op basis van de verhouding tussen grote en kleine taken is mijn werk vooral VERSNIPPERD (veel kleine taken), GECONCENTREERD (grote hoofdtaak, weinig kleine taken) of juist OMVANGRIJK (grote hoofdtaak en veel kleine taken).

3 Brede bijdrage?	Op basis van de doelen en bijdragen die ik met mijn taken lever zijn er VEEL/WEINIG verschillende belanghebbenden van mijn werk.
4 Dynamisch?	Op basis van de verhouding traditionele en nieuwe taken en het aantal taken dat sinds de aanvang in de functie is gekrompen of gegroeid is mijn werk DYNAMISCH/ STABIEL te noemen.

Figuur 6.8 Omcirkel het juiste antwoord

Vooruitblik

Als mensen wordt gevraagd wat ze van hun werk vinden en ze antwoorden 'ik heb heel veelzijdig en dynamisch werk', weet je dan wat ze bedoelen? Veelzijdig werk wordt veelal aangemoedigd door onderzoekers, beleidsmakers en personeelmanagers die goed of Mooi Werk een warm hart toedragen. Toch is veelzijdig werk geen garantie voor betekenisvol werk als je geen duidelijke bijdrage meer kunt leveren aan doelen of belanghebbenden die je persoonlijk belangrijk vindt. Ook zegt het niets over de mate waarin het werk gezond voor je is. Krijg je niet te veel voor je kiezen? Verder zegt het ook niets over de mate waarin je je sterke kanten kunt laten zien en je interesses in je werk kwijt kunt. Een realistisch beeld van je werk is daarom cruciaal in het streven naar Mooi Werk. Daar werken we naartoe.

REFLECTIE

Je antwoorden op de vragen uit de vorige oefening laten zien dat je werk ofwel heel veelzijdig en continu in beweging is, ofwel juist weinig variatie kent in taken die geconcentreerd zijn rond één hoofdactiviteit (bijvoorbeeld projectadministratie) en maar een paar belanghebbenden (manager en directe collega's). Maar zowel bij veelzijdig werk als bij geconcentreerd specialistisch werk kun je vragen stellen als:

- Is de kern van mijn werk nog wel herkenbaar?
- Weten anderen eigenlijk wel wat ik doe?

▶

- Herken ik mezelf nog in de brede of juist beperkte mix aan taken?
- Is dit nog het werk of het beroep waarvoor ik ooit heb gekozen?

In dit hoofdstuk heb je je eigen werkpuzzel gelegd om met je werk aan de slag te kunnen gaan. Je ziet de veelzijdigheid of juist eenzijdigheid van je werk nu in al haar facetten voor je. We gaan door met je eigen werkpuzzel in het volgende hoofdstuk, waarin je je persoonlijke sterke kanten, behoeftes, valkuilen of gezondheidsrisico's koppelt aan concrete grote, middelgrote en kleine taken. Je gaat jezelf de vraag stellen welke concrete taken nog bij je passen en welke niet meer. Zo kom je tot een antwoord op de vraag waaraan je zou kunnen sleutelen om de aansluiting met je werk te herstellen of te verbeteren. Vandaaruit zullen we in hoofdstuk 8 meerdere jobcraftingstechnieken presenteren waarmee je je werk naar je hand kunt zetten.

7 WAT JE ZOEKT IN MOOI WERK

Door te job craften herstel of versterk je de aansluiting van je werk op je persoonlijke behoeftes, sterke kanten, interesses en capaciteiten. Nu je met de werkpuzzel uit het vorige hoofdstuk een beeld hebt van wat je werk allemaal inhoudt, is het in dit hoofdstuk zaak te zoeken naar een betere aansluiting. Wat belemmert je op dit moment in het hebben van Mooi Werk? Waar zoek je naar in Mooi Werk? Wat kun je nu doen om je baan persoonlijk passend te maken zodat je weer fris kunt doorgaan? Deze vragen staan centraal in dit hoofdstuk.

Belemmeringen en wensen ten aanzien van Mooi Werk

Vraag je aan mensen die klagen over hun werk naar de oorzaken van hun klachten, dan zal hun antwoord beginnen met 'ik heb te veel...' of 'ik heb te weinig...' Bij het eerste antwoord somt men vervolgens belemmeringen op, zoals werkdruk, interrupties door collega's, zeurende klanten, schrijnende verhalen van patiënten, deadlines, fysiek zware taken, complexe oefeningen. Men voelt zich belemmerd in het goed kunnen uitvoeren van het werk en geeft impliciet aan dat, als het zo doorgaat, men het niet lang meer kan volhouden. Iets anders zeggen mensen die antwoorden dat ze te weinig resultaat van hun werk zien, te weinig waardering, te weinig uitdaging of bijvoorbeeld te weinig mogelijkheden om nog iets te leren. Zij missen iets en wensen op basis van hun persoonlijke voorkeuren méér uit hun werk te kunnen halen. Natuurlijk kunnen beide tegelijk voorkomen: je kunt je belemmerd voelen in het genieten van Mooi Werk door de vele deadlines, die maken dat je niet toekomt aan de gewenste activiteiten waarbij je iets nieuws kunt leren. Beide kanten van het verhaal zijn dus van belang in het zoeken naar mogelijkheden om te sleutelen aan je eigen werk.

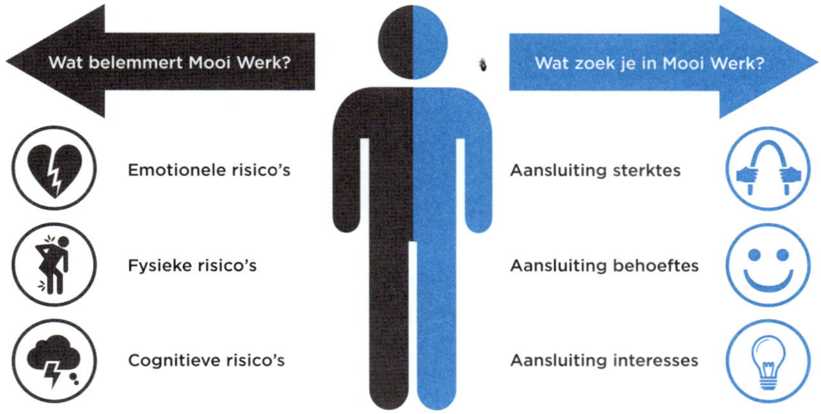

Figuur 7.1 Wat Mooi Werk belemmert en wat je erin zoekt

Figuur 7.1 laat de twee kanten van dit verhaal zien: risico's waar je tegenaan loopt in het kunnen blijven uitvoeren van je werk en de sterke kanten, behoeftes en interesses die jou typeren. We verdelen je persoonlijke belemmeringen en wensen ten aanzien van Mooi Werk in zes categorieën.

Belemmeringen die je kunt ondervinden in het ervaren van Mooi Werk kunnen bijvoorbeeld zijn:

- *Emotionele* risico's: het werk vergt emotioneel veel van je, je wordt steeds vaker verdrietig of boos van gebeurtenissen in je werk. Dit put je soms uit. Kun je je hier niet beter tegen wapenen?
- *Fysieke* risico's: je hebt steeds vaker lichamelijke pijntjes als je thuiskomt waarvan je moeilijker weet te herstellen dan voorheen. Is dat niet te voorkomen?
- *Cognitieve* risico's: werkzaamheden zijn routine of juist te ingewikkeld geworden: ze kosten te weinig moeite of juist te veel moeite om met plezier en goed te doen. Kan dat niet anders?

Anderzijds besef je dat het werk mooier zou zijn als je bepaalde wensen zou kunnen inwilligen, zoals:

- Betere aansluiting op je eigen *sterke kanten*: je kunt iets goed, maar in je werk wordt daar nauwelijks beroep op gedaan. Zonde. Je wilt je sterke kanten meer laten zien en gebruiken. Logisch!
- Betere aansluiting op je eigen *behoeftes*: je hebt niet voor niets voor dit werk gekozen. Wat je er leuk en belangrijk aan vindt, wordt ondergesneeuwd

door andere zaken. Je begint de aansluiting te missen met je persoonlijke behoeftes. Je wilt weer de betekenis van je werk zien. Een must!

- Betere aansluiting op je *interesses*: je hebt zo je persoonlijke passies, interesses en leerdoelen. Als je die eens meer in je werk zou terugzien, dan zou dat wel erg leuk zijn. Je moet er mogelijk nog beter in worden, maar je zou er graag in je werk aan werken. Een uitdaging!

STAP 1: WAT KUN JE (NIET)/WAT WIL JE (NIET)?

Je aansluiting met je werk kan onder druk komen te staan doordat belemmeringen en/of onvervulde wensen je parten gaan spelen. In deze eerste stap is het zaak eens wat van die belemmeringen, waarden en wensen uit te spreken door ze op te schrijven.

mooiwerkboek.nl

OEFENING

Risico-wensenanalyse

In figuur 7.2 staan voor elke type risico en voor je persoonlijke sterke kanten, behoeftes en interesses voorbeeldvragen waarop meerdere antwoorden mogelijk zijn. Schrijf deze antwoorden allemaal apart op een Post-it, met daarboven de afkorting van het type vraag (emotioneel risico (ER), sterke kant (S), behoefte (B) enzovoort). Je kunt ook verschillende kleuren gebruiken. Rode Post-its voor de risico's, groene voor je sterke kanten, blauwe voor je behoeftes en oranje voor je interesses. Probeer je te beperken tot maximaal drie antwoorden per onderdeel (de belangrijkste).

▶

Sterke kanten

- Waarin ben je erg goed?
- Wat zien mensen als je kracht?
- Wat zijn je talenten?
- Waarmee help je anderen?

Behoeftes

- Wat geeft je voldoening?
- Waarom doe je dit werk?
- Wat maakt dat je graag werkt?
- Wat zou je missen als je dit werk niet meer zou doen?

Interesses

- Wat is je passie?
- Waarin kun je je verliezen?
- Waarin wil je beter worden?
- Waarvan raak je enthousiast?

Emotionele risico's

- Wat kan je raken in je werk?
- Wat maakt je verdrietig of boos?
- Wat put je emotioneel uit?
- Waarvan ben je soms kapot?

Fysieke risico's

- Wat is fysiek wel eens zwaar?
- Wat doet soms pijn en belemmert je in je werk?
- Om welke lichamelijke reden houd je je soms in?

Cognitieve risico's

- Wat vind je ingewikkeld/moeilijk?
- Wat vergt geestelijk veel van je?
- Wat vind je soms vervelend?
- Wat vind je soms geestdodend?

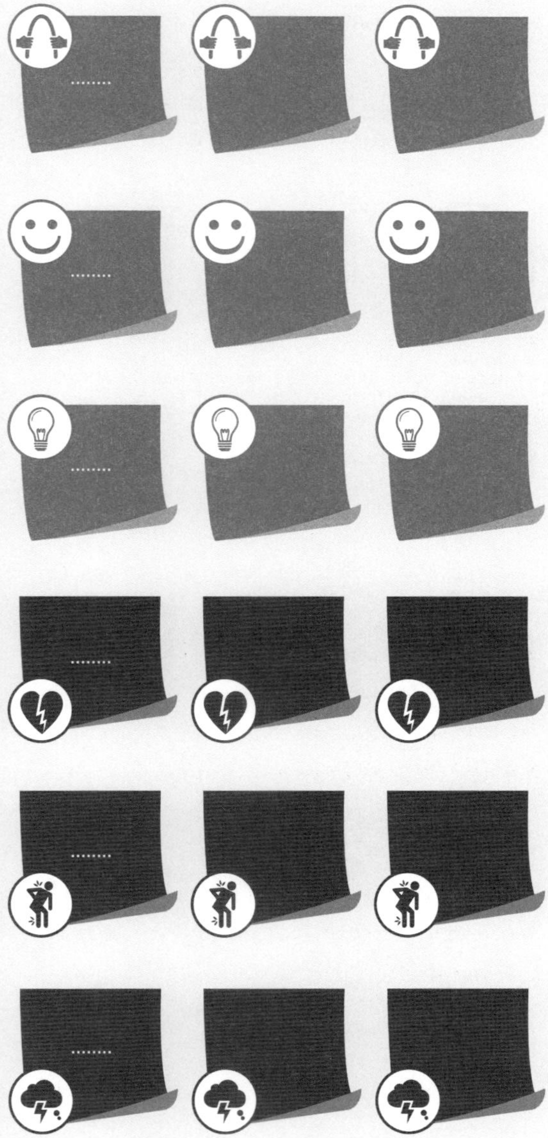

Figuur 7.2 Vragen voor het maken van een risico-wensenanalyse

Hoe kan dit eruitzien?

We nemen weer het voorbeeld van de verzorgenden uit het vorige hoofdstuk om een beeld te geven van wat je kunt invullen bij deze oefening (zie figuur 7.3).

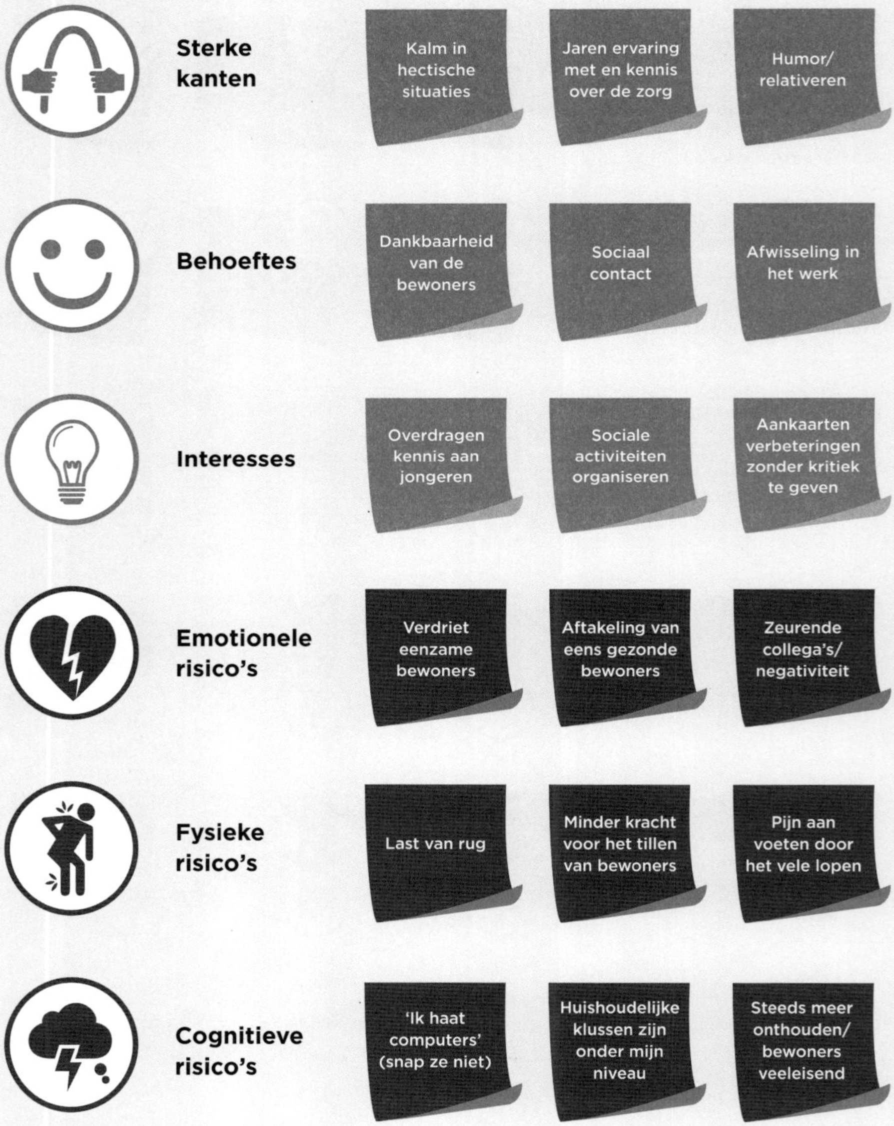

Figuur 7.3 Voorbeelden van risico's en wensen bij verzorgenden

De gekookte kikker

Soms ben je vergeten waar het voor jou om draait en besef je niet dat het werk belangrijk voor je is, terwijl je tegelijkertijd risico's loopt in dat werk. Je stopt een hoop van jezelf in je werk, maar haal je er voor jezelf nog wel voldoende uit? Kook je niet langzaam gaar? Er is een mooi woord voor dit fenomeen: 'het gekooktekikkersyndroom'. De Nederlandse wetenschapper Aukje Nauta (2007) onderzoekt dit fenomeen en stelt dat werk werknemers langzaam 'dood' kan koken zonder dat ze het zelf merken. Leg je een kikker in een pan kokend water, dan springt hij er direct weer uit. Maar leg je dezelfde kikker in een pan koud water die je geleidelijk aan opwarmt, dan blijft hij zitten en wacht hem een pijnlijk einde.

Hoe komt het dat werknemers zichzelf figuurlijk laten dood koken in het werk? Er zijn minstens vier opties denkbaar:

- Je hebt de verandering (van temperatuur) niet door. Het is toch altijd goed gegaan?
- Je hebt het wel door, maar weet niet hoe het te veranderen. Een gasknop, wat is dat?
- Je hebt het wel door, maar het uitdraaien van het gas ligt niet binnen je bevoegdheden. Daarvoor is iemand anders toch verantwoordelijk?
- Je ziet buiten de pan een reiger verlekkerd op je azen en je denkt 'als ik uit de pan spring heb ik ook niks'.

Maar of je je nu onwetend, onkundig, niet verantwoordelijk of onmachtig voelt, het resultaat is hetzelfde: je bent dood gekookt!

We gaan daarom terug naar de werkpuzzel om te bekijken waar het in je werk nu precies kan mislopen en welke onderdelen eigenlijk nog prima blijken te passen. Wat doet je werk koken en wat koelt het weer af?

STAP 2: IN HOEVERRE VERVULT JE WERK JE WENSEN?

Hoe komen de risico's, sterke kanten, behoeftes en interesses die je hebt omschreven terug in je werk? Specifieker: bij welke taken krijg je te maken met de risico's en welke taken voorzien in wat je belangrijk en interessant vindt en doen een beroep op je belangrijkste sterke kanten?

mooiwerkboek.nl

OEFENING

Aansluiting op je werk

Pak je eigen takendiagram uit het vorige hoofdstuk (stap 2) er weer bij en plak de Post-its op een leeg A4'tje. Teken om de Post-its heen een vierkant met in de hoeken vier kleine vierkantjes. Vul dit aan met vier kleine vierkantjes die uit het vierkant steken (zie figuur 7.4). Dit is je speelveld.

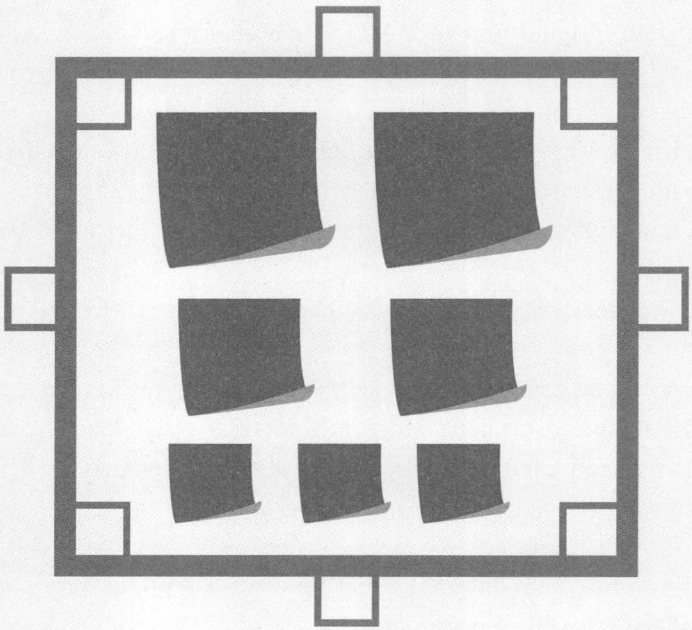

Figuur 7.4 Takenspeelveld

Nu volgt het creatieve deel. Neem je tijd voor het volgende. Pak de Post-its erbij waarop je je persoonlijke risico's, sterke kanten, behoeftes en interesses hebt geschreven. Kijk vervolgens naar je takendiagram als speelveld en plak de Post-its erop met de volgende vragen voor ogen (zie figuur 7.5):

- Welke werkzaamheden sluiten aan of bieden ruimte om je sterke kanten te kunnen laten zien?
- Welke werkzaamheden sluiten aan bij wat je belangrijk vindt/wat je voldoening geeft?
- Welke werkzaamheden spreken je interesses en passies aan?
- In de uitvoering van welke taken ondervind je belemmeringen die van

▶

invloed zijn op je gezondheid/welbevinden of kunnen een risico gaan vormen voor je gezondheid en motivatie op korte termijn?

- Welke risico's zijn niet werkgerelateerd?
- Welke sterke kanten, behoeftes en interesses zie je niet in je werk terugkomen?

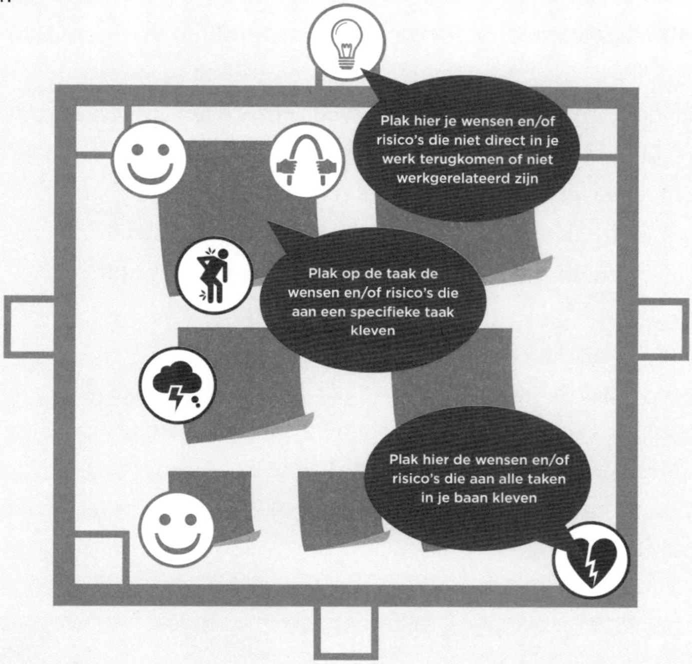

Figuur 7.5 Voorbeeld van hoe taken aansluiten op risico's en wensen

Tips voor de helderheid

- Probeer Post-its met je risico's en wensen zo specifiek mogelijk te plakken op de afzonderlijke taakplakkertjes in het diagram – wanneer bijvoorbeeld een risico aan twee taken kleeft, herschik dan zo nodig het takendiagram zodat dat duidelijk in beeld blijft. Of maak een nieuwe Post-it.
- Wanneer iets niet aan één of twee specifieke taken gekoppeld kan worden, omdat het eigenlijk taakoverstijgend is (bijvoorbeeld de behoefte/het belang van salaris) plak dit dan in een van de hoeken *binnen* het vierkant.
- Wanneer iets (nu) niet aan je werk gerelateerd kan worden maar wel belangrijk is, plak het dan in een van de vierkanten *buiten* het grote vierkant (bijvoorbeeld je sterke kant als het gaat om het maken van mooie foto's).

Blikken op je werk

Wat je van je werk vindt en of je daarmee nog graag wilt doorgaan, wordt bepaald door een mix van persoonlijke sterke kanten, voorkeuren, capaciteiten en belemmeringen. Hoe je die allemaal in je werk terugziet, is belangrijk om te beoordelen waarmee je aan de slag kunt om van je werk weer Mooi Werk te maken. In de vorige oefening heb je dat beeld voor jezelf geschetst en je breekt je nu mogelijk het hoofd over de ogenschijnlijke chaos aan Post-its en pictogrammen die is opgedoemd. Toch is er orde te scheppen door verschillende veelvoorkomende situaties na te lopen en de betekenis ervan te duiden. Er zijn verschillende blikken op je werk te werpen. Aan de hand van de volgende oefeningen krijg je antwoord op de volgende vragen met betrekking tot je werk: Hoe zijn je taken te typeren? Is je werktijd mooi besteed? Zit er een patroon in taakbeoordelingen? Welke taken lenen zich voor job crafting?

Hoe zijn je taken te typeren?

Op weg naar mooier werk kun je aan de hand van de vorige oefening een typering van taken maken. Er zijn immers onderdelen in je werk die prima in orde zijn terwijl andere meer aandacht behoeven. Belangrijk is zicht te krijgen op de mooie en lelijke taken in je werk – al zijn er meer taaksmaken dan alleen mooi en lelijk.

STAP 3A: MOOIE EN LELIJKE TAKEN EN MEER

Op basis van de verdeling van risico's, sterke kanten, behoeftes en interesses kun je je taken als volgt typeren: mooie taken, lelijke taken, 2-faced taken, lege taken en onvervulde taken (zie figuur 7.6). Werk bestaat doorgaans niet alleen uit mooie of lelijke taken. Grote kans dat je ook lege taken hebt waarbij je in de uitoefening nergens tegenaan loopt, maar die je verder ook niets doen. Anderzijds kun je ook sterke kanten, behoeftes of interesses hebben benoemd die nu niet in je werk terugkomen. Ze worden nu niet vervuld. Interessant zijn ook de 2-faced taken die mooi en lelijk tegelijk zijn. Deze taken kunnen daarmee valkuilen zijn, omdat je ze mogelijk graag doet terwijl ze fysiek zwaar zijn, of emotioneel veeleisend omdat je bijvoorbeeld te maken krijgt met het leed van anderen of vervelende klanten die je boos maken.

▶

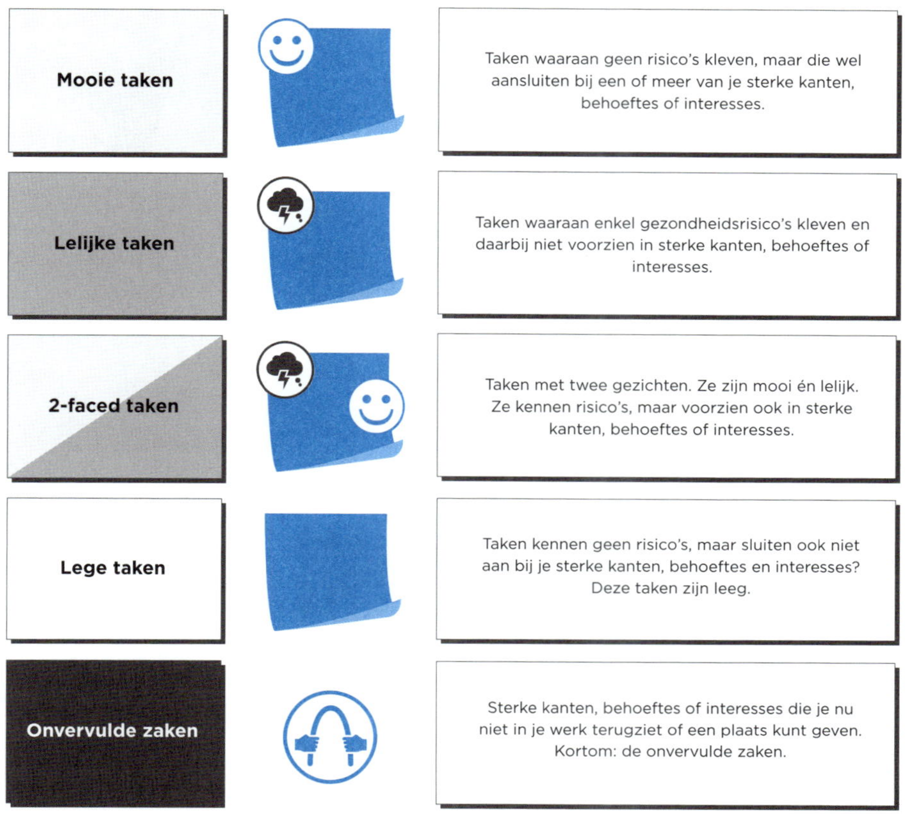

Figuur 7.6 Verschillende typen taken

mooiwerkboek.nl

OEFENING

Typeer je taken

Met de verdeling in *mooi, lelijk, 2-faced, leeg* en *onvervuld* kun je nu voor jezelf je eigen taken en onvervulde zaken indelen. Doe dat op de in figuur 7.7 weergegeven manier, waardoor je zicht krijgt op de verdeling in grote, middelgrote en kleine taken. Plak je verschillende Post-its op een nieuw A4'tje. Figuur 7.7 is een voorbeeld van een mogelijke weergave van je typering.

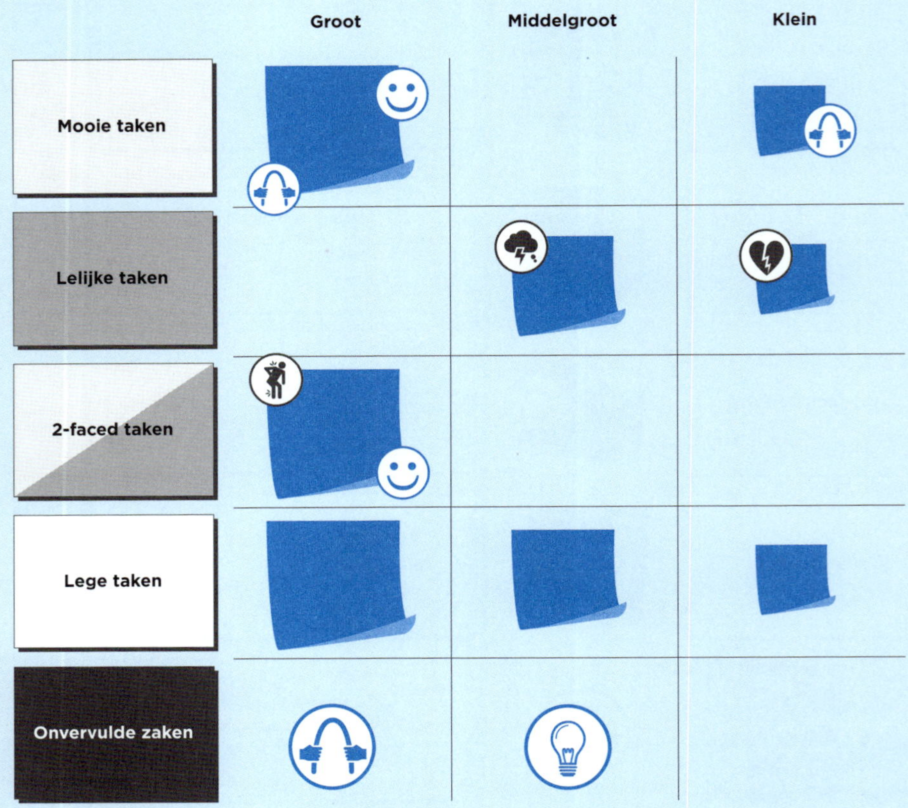

Figuur 7.7 Voorbeeld van verschillende taken naar type en grootte

Is je werktijd mooi besteed?

Uit de oefeningen in het vorige hoofdstuk kon je opmaken wat er allemaal aan activiteiten bij je werk komt kijken. Daar zitten werkzaamheden bij waaraan je veel tijd besteedt en taken waaraan je minder tijd besteedt. Voor Mooi Werk is de vraag of je wel het grootste deel van je tijd besteedt aan werkzaamheden die je interessant vindt, goed kunt en voldoening geven. Zou je als brandweerman alleen maar blij worden en goed zijn in het blussen van een brand, dan kun je mogelijk maar beter bij de vrijwillige brandweer gaan wanneer bij deze werkzaamheden om assistentie wordt gevraagd. Zoals eerder vermeld, is het mooi als je een goede aansluiting hebt op de werkzaamheden waaraan je de meeste tijd besteedt.

STAP 3B: BESTEED JE JE WERKTIJD MOOI OF LELIJK?

Kijk naar de indeling grote, middelgrote en kleine taken uit stap 3a (tellen op tot 100%). Hoeveel procent van je tijd besteed je aan activiteiten die een beroep doen op je sterke kanten en voorzien in behoeftes en interesses? En hoeveel procent van je tijd besteed je aan activiteiten die je emotioneel, fysiek of cognitief zwaar vallen?

mooiwerkboek.nl

OEFENING

Hoeveel procent Mooi Werk?

Tel de taken die je met een risico of met een sterke kant, behoefte of interesse hebt aangemerkt, bij elkaar op. Maak een schatting van het percentage van je totale werktijd waarin je mooi of lelijk werk doet (zie figuur 7.8).

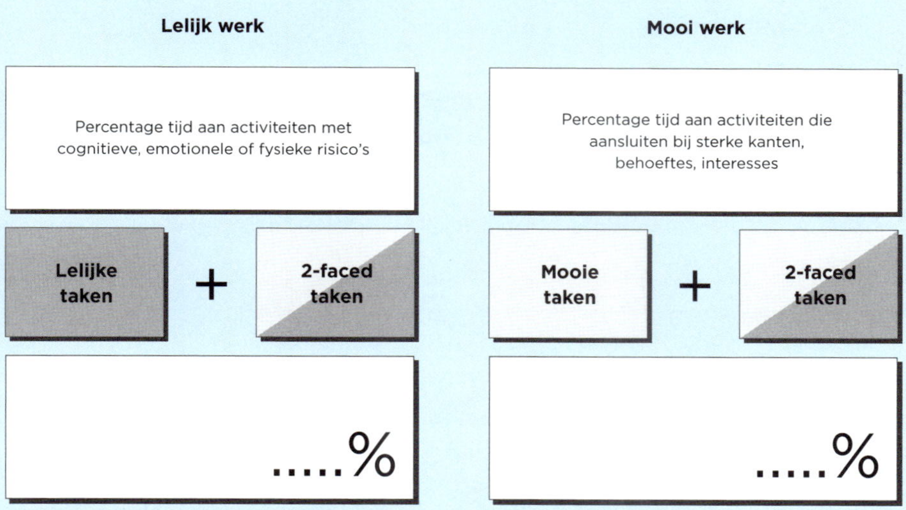

Figuur 7.8 Hoeveel procent Mooi Werk?

Zit er een patroon in je taakbeoordelingen?

Een percentage is maar een percentage. Het zegt niet zoveel over wat er voor jou speelt in je werk. Dat wil je natuurlijk scherper krijgen om er zo nodig actie op te ondernemen. Patronen ontdekken in je mooie, lelijke, 2-faced en lege taken zou hieraan kunnen bijdragen. Valt je iets op in je eigen onderverdeling? In het in hoofdstuk 6 genoemde voorbeeld viel het op dat de bejaardenverzorgsters vooral hun traditionele huishoudelijke taken als lelijk typeerden. Ook zagen ze dat de tijd die ze besteedden aan mooie en 2-faced zorgtaken de laatste jaren was gekrompen door de komst van nieuwe administratieve taken.

We geven nog een voorbeeld, ditmaal over de tijdsbesteding van een universitair docent. Hij besteedt de meeste tijd aan het geven van onderwijs en studentenbegeleiding, terwijl zijn sterke kanten en interesses vooral liggen in fundamenteel onderzoek. Aan dat laatste wordt minder tijd besteed. De onderzoekstaken zijn Mooi Werk. Het geven van onderwijs bleek daarentegen een grote lege taak, die vooral zorgt voor de financiering van het werk dat hem het meest na aan het hart ligt.

In het vorige hoofdstuk heb je in verschillende oefeningen je werk onder de loep genomen. Heb je een gevarieerd pakket van kleine en grote taken waarin je verschillende doelen of belanghebbenden dient? Zijn er in de loop der tijd veel verschuivingen in je werk opgetreden of is je werk vrij stabiel gebleven? Met deze vragen kun je enkele patronen ontdekken in je mooie en lelijke werkzaamheden.

STAP 3C: ZIT ER EEN PATROON IN JE TAAKBEOORDELINGEN?

Kijk naar je indeling grote, middelgrote en kleine taken uit stap 3a. Is er een patroon te ontdekken omdat je mooie, lelijke, 2-faced of lege taken anders hebt beoordeeld?

mooiwerkboek.nl

OEFENING

Zoek het patroon

Bekijk je eigen mooie, lelijke, 2-faced en lege taken en vraag jezelf bij de verzameling van taken in elk van de categorieën het volgende af:

- Klein/groot: taken komen overeen omdat het *kleine* of juist *grote* taken zijn.
- Duidelijk doel: taken komen overeen omdat ze eenzelfde *doel* dienen of een bijdrage leveren aan dezelfde *belanghebbenden* (klanten, patiënten, management, externen enzovoort).
- Traditioneel/nieuw: taken komen overeen omdat het taken zijn die *traditioneel* tot je werk behoren, of juist relatief *nieuw* voor je zijn.

▶

- Krimp/groei: taken komen overeen omdat het taken zijn die de laatste jaren qua tijdsbesteding zijn *gekrompen* of juist zijn *gegroeid*.
- Anders: taken komen overeen op een voor jou persoonlijk andere manier dan de eerste vier alternatieven (bijvoorbeeld: taken vereisen samenwerking of worden vooral buiten de deur verricht).

Vul nu tabel 7.1 in. Schrijf alleen iets in de hokjes bij de mooie, lelijke, 2-faced of lege taken wanneer er duidelijk sprake is van een patroon. Laat de hokjes leeg wanneer er geen betekenisvol patroon is (er is dan te veel diversiteit voor een patroon).

Tabel 7.1 Invultabel voor patronen in je taken

	Klein of groot?	**Duidelijk doel?**	**Traditioneel of nieuw?**	**Krimp of groei?**	**Anders?**
Mooie taken					
Lelijke taken					
2-faced taken					
Lege taken					

Tabel 7.2 is een voorbeeld van de wijze waarop je tabel 7.1 kunt invullen.

Tabel 7.2 Voorbeeld van patronen in je taken

	Klein of groot?	Duidelijk doel?	Traditioneel of nieuw?	Krimp of groei?	Anders?
Mooie taken			Nieuw	Groei	Samen-werking
Lelijke taken		Huis-houdelijk	Traditioneel		
2-faced taken	Groot	Service bieden		Krimp	
Lege taken	Klein	Administra-tief			Alleen

REFLECTIE

- Wat is het beeld van je werk dat nu ontstaat?
- Weet je nu voor jezelf wat mooi is aan je werk?
- Heb je een beeld van wat je werk mogelijk mooier dan wel lelijker heeft gemaakt?
- Kun je een ander uitleggen waarom je mooie werk onder druk is komen te staan?

Op naar mooier werk: keuzes, keuzes, keuzes!

Dit hoofdstuk is een belangrijke stap richting mooier werk. Hier komt de kern van je werk samen met wat je zoekt en wat je belemmert in het hebben van Mooi Werk. Nu je een beeld hebt van de aard van je taken en de wijze waarop ze goed of minder goed aansluiten bij wat je persoonlijk kunt en wilt, is het tijd voor een keuze: hoe nu voorwaarts richting mooier werk? Keuzes in wat aan te pakken zijn lastig, zeker als je het gevoel hebt dat je deze keuzes niet kunt waarmaken. Drie zaken zijn belangrijk in het maken van een keuze die je daadwerkelijk dichter bij mooier werk kan brengen:

- hoe betekenisvol je keuze is;
- de impact van je keuze;
- je betrokkenheid bij je keuze.

In deze paragraaf dwing je jezelf tot een onderbouwde keuze voor een onderdeel van je werk waaraan je kunt sleutelen met job crafting en waarvoor het volgende hoofdstuk je technieken biedt.

Een betekenisvolle keuze

Weet je nog waarom je dit boek hebt aangeschaft of geleend van iemand? Je wilt iets aan je huidige werk veranderen, toch? Je wilt je baan weer eens afstoffen, kijken wat er mogelijk is zonder meteen weg te hoeven gaan? Om uit te drukken wat verschillende taken in je werk voor je betekenen stel je je de vraag of wat je van je werk verlangt ook dat is wat je nog lang zult volhouden. Natuurlijk, leuke dingen geven energie en nieuwe kracht om het vol te houden. Maar ze kunnen de werkelijkheid ook verdoezelen. Je hebt dan niet door dat met de energiebesteding aan die 2-faced taken ook het water in je pan aan de kook raakt. Wanneer je duidelijk is geworden dat er taken zijn die voor je functioneren in deze baan enkel risico's vormen, dan weet je dat deze niet zullen bijdragen aan de wil om in je huidige baan te blijven werken. Voor een betekenisvolle keuze moet je jezelf verplaatsen in je situatie over twee jaar, zonder dat daaraan iets veranderd is. Welke taken maken dan dat je je werk wilt en gezond kunt uitvoeren? Welke taken maken dat je je werk dan niet meer wilt of (gezond) kunt uitvoeren?

STAP 4A: (NIET MEER) WILLEN EN KUNNEN?

Kijk naar de verdeling grote, middelgrote en kleine taken. In deze stap zet je je huidige taken scherp tegenover elkaar. Je geeft hierbij antwoord op de volgende twee vragen:

- Welke taken maken dat je *over twee jaar* dit werk nog steeds wilt en kunt doen?
- Welke taken maken dat je *over twee jaar* dit werk niet meer wilt en kunt doen?

mooiwerkboek.nl

OEFENING

Wat als er niets verandert?

- Pak een leeg A4'tje en teken een kruis als in figuur 7.9.
- Plak nu al je eerder geclassificeerde taken in het kruis. Hoe verder aan de randen je je huidige taken plakt, des te extremer het antwoord. Plak eronder nog de sterke kanten, behoeftes en interesses die je mogeljk niet in je huidige werk kwijt kunt.

Figuur 7.9 is een voorbeeld van hoe de beoordeling van je taken er zou kunnen uitzien.

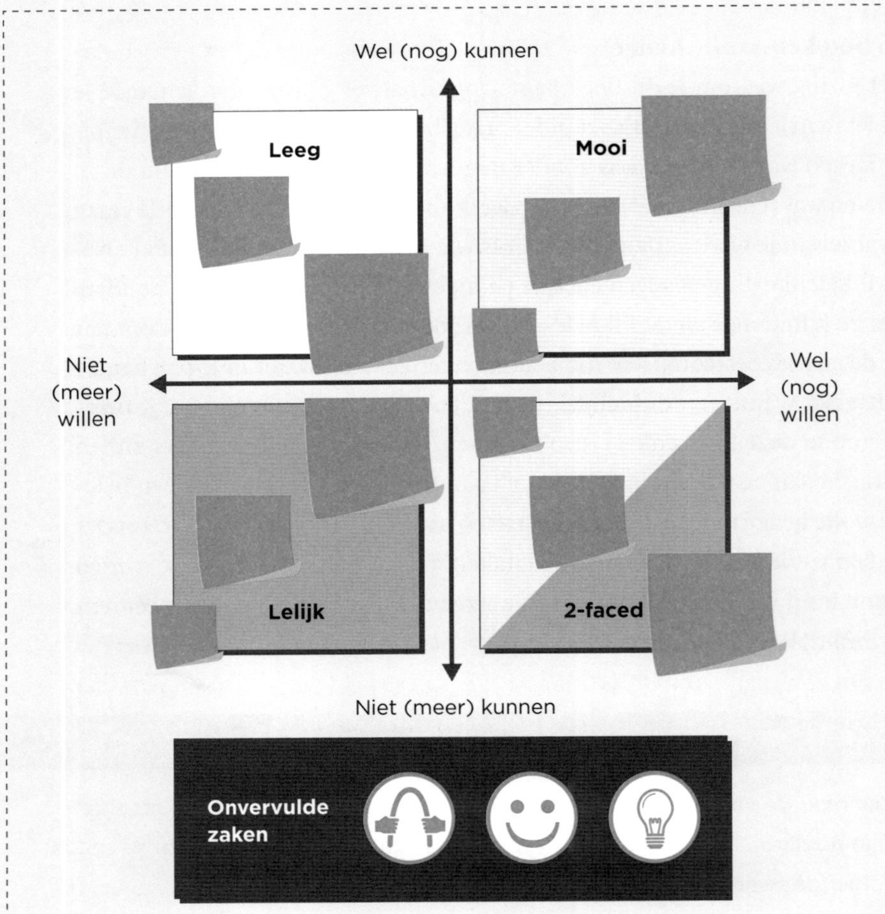

Figuur 7.9 Voorbeeld van een diagram met wat je (niet meer) wilt en kunt

REFLECTIE

- Wat zou er gebeuren als er niets zou veranderen aan je werk?
- Zie je de werkzaamheden die je koste wat kost wilt blijven doen? Ze vormen de pareltjes die je wilt koesteren.
- Zie je ook de 2-faced taken die een valkuil voor je kunnen gaan vormen? Ze zijn belangrijk, maar ook gevaarlijk (je kunt ermee dood koken).
- Zie je de werkzaamheden die je absoluut niet meer moet doen om in je huidige werk te kunnen blijven functioneren? Wat is het lelijkste aan je werk?
- Zie je de lege werkzaamheden die je niks opleveren? Je kunt ze wel, maar ze doen je niets, ook niet over twee jaar.
- Zie je onvervulde sterke kanten, behoeftes en interesses? Mis je ze in je werk? Zijn ze belangrijk voor het willen doorwerken in deze functie?

De impact van je keuze

Je hebt nu wel lang genoeg afgewogen wat allereerst met je baan te doen en wat je vervolgens allemaal in je huidige baan tegenkomt. Dat was allemaal nodig om je beslissingen van een onderbouwing te voorzien en om je eigen beeld van je werk scherp te stellen. Hopelijk maakte de vorige oefening duidelijk wat je aandachtstaken zijn om je werk gezond, betekenisvol en uitdagend te houden en te maken. Een goede keuze begint bij twee aspecten van de aandachtstaken: de grootte en de verwachte krimp/groei van de aandachtstaak in de komende jaren.

De taakgrootte zal iets zeggen over de impact die de keuze voor verandering op je werk heeft. Pak je grote taken aan, dan kan dat je werk aanzienlijk verfraaien omdat je daaraan meer tijd besteedt. Bij kleine, mooie taken werkt het andersom. Juist omdat de mooie kanten van het werk maar in kleine dingen zit, zou je ervoor kunnen kiezen deze aan te pakken en een groter onderdeel van je werk te laten zoals het is. Bijvoorbeeld, je zet de kleine taak van het begeleiden van stagiaires om in een meer volwaardige interne inwerk- en onderwijstaak, waarbij ook nieuwe reguliere medewerkers onder je hoede gaan vallen.

Om echt goed te anticiperen op wat komen gaat, moet je ook vaststellen of er natuurlijke groei of krimp zit in je mooie, lelijke en andersoortige taken. Heb je nu last van extra administratieve druk vanwege een verouderd computersysteem en weet je dat dit de komende maanden wordt aangepast, moet je er dan wel mee aan de slag? Andersom: zie je dat je een grote mooie taak hebt die naar verwachting alleen maar een kleiner onderdeel van je werk wordt, dan is dat juist een reden om iets te doen met bijvoorbeeld de sterke kanten die straks niet meer worden aangesproken.

Kortom: van sleutelen aan welke concrete taak verwacht je het meest te kunnen terugverdienen in de zin van mooier werk? Wat is de impact van je keuze? In de volgende oefening vraag je je voor elk van je aandachtstaken af wat voor type keuze je kunt maken.

STAP 4B: WAT ZIJN IMPACTVOLLE KEUZES?

In tabel 7.3 staan de meest impactvolle keuzes die je kunt maken wanneer je de grootte van de taak combineert met de verwachte groei, krimp of stabiliteit van de tijdsbesteding aan die taak.

mooiwerkboek.nl

OEFENING

Waar zit jouw impact?

Omcirkel de type keuzes die voor jouw werksituatie relevant zijn op basis van de uitkomst van stap 4a van dit hoofdstuk. Welke keuzes kunnen voor jou echt bijdragen aan persoonlijk mooier werk?

Tabel 7.3 Keuzetabel voor impactvolle keuzes

	Taak klein of groot?	**Verwachte krimp of groei?**	**Type keuze**
Mooi 	Klein →	Stabiel →	Ik wil dit een groter onderdeel van mijn werk laten zijn
	Groot →	Krimp →	Ik wil de mooie kanten van deze taak vasthouden
Lelijk 	Klein →	Groei →	Ik wil ervoor zorgen dat ik deze taak gezonder kan uitvoeren
	Groot →	Stabiel →	Ik wil de lelijke, ongezonde aspecten wegnemen

▶

2-faced	Klein →	Groei →	Ik wil ervoor zorgen dat ik deze taak gezonder kan uitvoeren
	Groot →	Krimp →	Ik wil de mooie kanten van deze taak vasthouden
Leeg	Klein →	Groei →	Ik wil meer maken van deze lege taak
	Groot →	Stabiel →	Ik wil meer maken van deze lege taak
Onvervuld	Onderbenut →	Stabiel →	Ik wil meer doen met **sterke kanten**, behoeftes, interesses die ik nu niet terug zie in mij werk

REFLECTIE

- Welke route neem je naar mooier werk: het wegnemen van de lelijke kanten of het verder verfraaien van mooie en lege taken?
- Zie je de impact die dat kan hebben voor je werk voor de komende jaren?
- Wat verwacht je dat de keuzes je kunnen opleveren?

De betrokkenheid bij je keuze

Er wordt veel onderzoek gedaan naar wat maakt dat mensen bepaalde keuzes voor verandering in hun leven of werk ook daadwerkelijk volhouden. Hoe permanent is de verandering van een crimineel die kiest voor het rechte pad? Van een roker die kiest te stoppen? Van een werknemer die ervoor kiest te job craften in plaats van van baan te veranderen? De betekenisvolheid en verwachte impact van je keuze is daarbij belangrijk. Deze heb je reeds doorlopen; je weet waarom je aan je baan wilt sleutelen.

STAP 4C: RAAK BETROKKEN BIJ JE KEUZE!

Hoe gecommitteerd aan je keuze ben je echt? Er zijn twee zaken die je kunnen helpen de laatste obstakels weg te nemen:

- Weten dat je dit soort keuzes al eens succesvol hebt gemaakt.
- Zorgen dat anderen weten van je activiteiten; betrek ze er zo nodig bij.

mooiwerkboek.nl

OEFENING A

Herinner je je nog?

- Haal je een situatie voor de geest waarin je van je huidige of ander werk al mooier werk hebt gemaakt. Wat deed je toen? Waarom deed je dat? Wat was het effect? Schrijf dit in een paar regels uit.
- Weet je zo gauw niets te verzinnen, vraag het eens aan een goede collega, vriend(in) of partner. Zij weten vaak meer over je dan je denkt.

Schrijf hier je herinnering op:

mooiwerkboek.nl

OEFENING B

Laat je horen!

Dit is een boek dat je kunt wegleggen. Geen probleem. Niemand die weet dat je het ooit hebt gelezen of doorgebladerd. Maar je werk is een veelbesproken onderwerp. Je spreekt met mensen over hoe je je werk vindt, wat beter kan enzovoort. Het is een populair thema op feestjes met vrienden en bekenden. Waarom zou je ze dan niet uitnodigen om eens mee te kijken naar je werk?

Leg een goede collega of vriend(in) bijvoorbeeld eens uit wat je met dit boek wilt. Neem desnoods alle stappen in de hoofdstukken 6 en 7 nog eens door met je collega en laat het hem of haar eens doen.

Je kunt het ook doen ter voorbereiding van een functionerings- of ontwikkelgesprek met je leidinggevende. Laat zien waarmee je bezig bent. Geef het werken met dit boek een andere lading dan alleen dat van een leuk boekje met wat oefeningen. Het is jouw werk en je weet inmiddels wat het voor jou betekent.

Vooruitblik: tijd voor job crafting

In dit hoofdstuk heb je een zoektocht ondernomen naar wat je werk op dit moment mooi dan wel lelijk maakt. Door naar je werk als een verzameling concrete taken te kijken, zie je dat je werk vele facetten kent, waarbij er ook taken zijn die niets met je doen. Deze lege taken vormen geen risico, maar sluiten ook niet aan bij je sterke kanten, behoeftes of interesses. Je moet ze doen, *that's it*. Interessant zijn de 2-faced taken. Dit zijn die activiteiten in je werk die belangrijk voor je zijn, maar waarvan je inschat dat ze ook een risico vormen.

Een ding moet hieruit duidelijk worden: je weet nu voor jezelf te verwoorden welke taak je aandacht moet krijgen wil je van je werk weer Mooi Werk maken. Met deze keuze voor een taak of voor een onvervulde sterkte, behoefte of interesse ga je het volgende hoofdstuk in. Want waaraan kun je nu concreet sleutelen om je werk weer in optima forma te krijgen? We nemen je in het volgende hoofdstuk dan ook mee in de wereld van het job craften en de mogelijkheden, technieken en afwegingen die je daarbij moet maken. Tijd voor job crafting!

8 NAAR EEN BETERE BAAN!

Nu je op basis van de oefeningen in hoofdstukken 6 en 7 je huidige baan geheel hebt gedemonteerd in mooie, lelijke, lege en 2-faced taakonderdelen, sleutel je in dit hoofdstuk de onderdelen weer op een nieuwe manier in elkaar. Met een betere baan strak in het vizier leidt dit hoofdstuk je door de essentiële stappen van job crafting. We grijpen hiervoor eerst even terug op de werkdefinitie zoals die in hoofdstuk 5 aan de orde kwam.

Job crafting is:

- het zelf of gezamenlijk met collega's mooier maken van je werk door concrete aanpassingen in taken, relaties, cognities of context aan te brengen,
- gericht op creëren van Mooi Werk middels het versterken van de aansluiting van het werk op je persoonlijke behoeftes, sterke kanten, interesses en fysieke/cognitieve capaciteiten,
- vanuit je eigen motivatie en inzicht in de ruimte die het werk biedt voor aanpassingen,
- ter bevordering of behoud van uitdagend, betekenisvol en gezond werk,
- met oog voor organisatiedoelstellingen en zonder collega's of klanten te benadelen.

In de werkdefinitie verwijzen we naar de verschillende *acties* (aanpassingen in taken, relaties, cognities en context), het *doel* (het bevorderen van uitdagend, betekenisvol en/of gezond werk) en de *spelregels* (je hebt oog voor organisatiedoelstellingen en bijvoorbeeld het vermijden van het benadelen van directe collega's). Job crafting kent zodoende vele verschillende gedaantes, afhankelijk van wat mogelijk is, wat het doel is en waar ruimte is zonder anderen te benadelen. Dat maakt job crafting tot een boeiend concept. En net zoals bij een medicijn dat je neemt om beter te worden, werkt het niet als je bijvoorbeeld aspirine slikt tegen eczeem (wat niet helpt) of wanneer je maagmedicijnen slikt in combinatie met antibloedstollers (wat niet samengaat en schadelijk kan zijn). Je moet je dus afvragen of de jobcraftingsactie die je voor ogen hebt je persoonlijke doel gaat dienen en of die actie de potentie heeft te slagen in praktijk.

In dit hoofdstuk zullen we onderdelen bespreken die helpen bij het uitvoeren van een passend en geslaagd werkexperiment. We spreken dus over werkexperimenten die je in dit hoofdstuk gaat vormgeven. Een experiment suggereert dat als het slaagt je het ook verder kunt gebruiken in je werk. Maar als het niet slaagt, is het zaak te achterhalen waarom niet en deze informatie mee te nemen in een volgend, aangescherpt werkexperiment (laat je dus niet bij voorbaat uit het veld slaan).

Drie onderdelen komen aan bod:

- craftingsrichtingen (afstoten, oplossen, aanpassen, aanvullen);
- craftingsvormen en -technieken (taak, relationeel, cognitief, contextueel);
- craftingskosten en -baten (voor jezelf, team/afdeling, werkproces, klanten).

OVERZICHT: JOBCRAFTINGSAANPAK

Figuur 8.1 geeft je een indruk van hoe je een werkexperiment kunt gaan vormgeven. Aan het eind van het vorige hoofdstuk heb je een of meerdere aandachtstaken benoemd, waarvan je hebt geconstateerd dat je daarmee iets wilt. Ze zijn bijvoorbeeld mooi maar te klein, lelijk en te groot, 2-faced en een valkuil, leeg en een groeiend onderdeel van je werk. Maar het kan ook gaan om een onvervulde sterkte, behoefte of interesse.

- Zet je eigen aandachtstaak denkbeeldig in het midden van figuur 8.1.
- Vandaaruit zullen we vier aanpakken bespreken die iets kunnen veranderen aan je aandachtstaak - dat zijn de naar binnen gerichte pijlen.
- Wanneer je actief investeert in verandering, is het onvermijdelijk dat je daarvan de kosten en baten moet afwegen. Wil je dat de verandering standhoudt, dan moet je voorbereid zijn op wat dat betekent voor jezelf, je team, het werkproces en eventuele klanten, patiënten, leerlingen of externen die je bedient met je werk. Deze kosten-batenafweging wordt in figuur 8.1 gesymboliseerd door de naar buiten gerichte pijlen die ontstaan bij het afwegen van de naar binnen gerichte pijlen.

▶

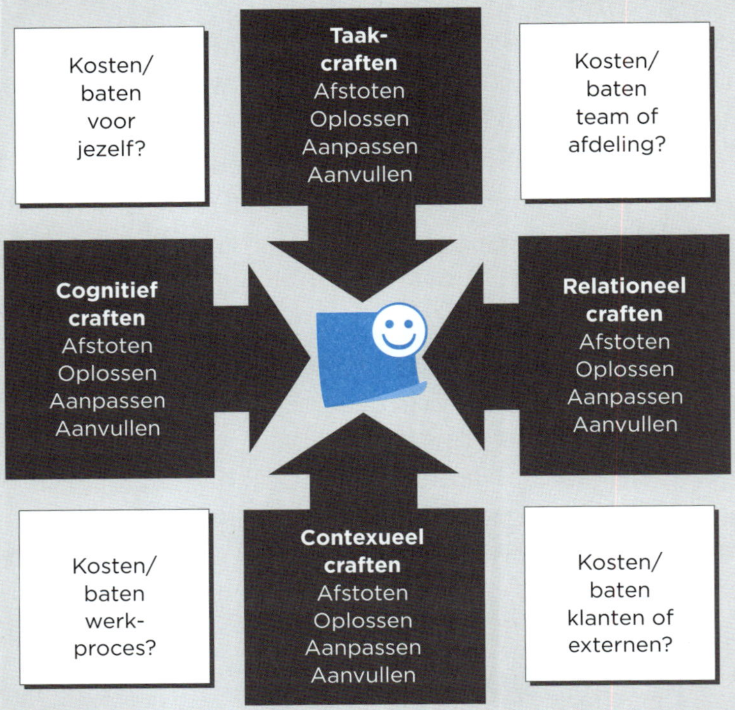

Figuur 8.1 Jobcraftingsafwegingen rondom je aandachtstaak

Craftingsrichtingen

Er zijn verschillende craftingsrichtingen denkbaar. Je kunt de volgende vier mogelijkheden onderscheiden: *afstoten*, *oplossen*, *aanpassen* en *aanvullen*. Ze verwijzen naar de richting die je op wilt. Ze hebben een bepaalde 'regulerende focus' – een type focus in je gedrag die maakt dat je ofwel preventief handelt ofwel promotiegericht. Afstoten en oplossen zijn gedragingen die vooral *preventiegericht* zijn en zich concentreren op het ombuigen en wegnemen van belemmerende factoren of risico's in je werk. Het doel hierbij is vooral te zorgen dat je lelijke en 2-faced taken je geen verdere gezondheidsschade berokkenen en dat je de negatieve aspecten van je werk in de nabije toekomst kunt vermijden. De focus van het job craften ligt hier op het verschil tussen –1 en 0.

Wanneer je van de 0 een +1 wilt maken, dan stel je je *promotiegericht* op. Je zet in op de winst die nog in je werk te behalen valt in plaats van op het vermijden van verliezen. Daar horen de craftingsrichtingen aanpassen en aanvullen bij, waarbij je inzet op het herorganiseren of aanvullen van taken die je mooie, 2-faced of lege taken (verder) kunnen verfraaien.

Weet je nog dat je in hoofdstuk 1 jezelf moest neerzetten als speler in een voetbalteam of hockeyteam? In dat voorbeeld is de keeper degene die preventiegericht gedrag vertoont. Hij of zij moet letterlijk de nul houden, terwijl een spits erop gebrand moet zijn om van de nul van het eigen team minimaal een +1 te maken. Vaak raak je gewend aan dat soort gedragingen. Je bent bijvoorbeeld iemand die zich altijd in een verdedigende positie bevindt en je weet alleen hoe je in die positie de nul moet houden in je werk. Anderzijds zie je wel dat anderen veel promotiegerichter omgaan met hachelijke werksituaties. Zij lossen problemen in hun werk op door nieuwe collega's erbij te betrekken en werken die oplossingen vervolgens ook nog eens uit tot een presentatie waarmee ze de kennis overdragen aan anderen – die hen daarvoor erkentelijk zijn. Ze halen met het omgaan met een probleem nieuwe energie binnen, die uiteindelijk de geïnvesteerde energie positief overstijgt: van −1 naar +1.

HOE VOELT DIT NU: TAFELEXPERIMENT

Je kunt zelf testen hoe een preventie- of promotiegerichte werkhouding aanvoelt. In psychologisch onderzoek maken ze daarbij gebruik van het tafelexperiment. Hierbij druk je (terwijl je zit) op de bovenkant van het tafelblad of druk je tegen de onderkant van het tafelblad. Wanneer je op de bovenkant drukt, druk je in principe de tafel van je af, wat een preventiegerichte focus symboliseert. Als je tegen de onderkant drukt, span je je in om iets naar je toe te halen, wat in lijn ligt met een promotiegerichte focus.

Preventiefocus

Promotiefocus

▶

Nu denk je mogelijk: waar slaat dat op? Onderzoek van Van Prooijen en collega's (2006) laat zien dat proefpersonen een andere mening hebben over een beschrijving van dezelfde werksituatie wanneer ze ondertussen op het tafelblad drukken dan wanneer ze tegen de onderkant drukken. Wanneer proefpersonen tegen de onderkant van de tafel drukken, staan ze onbewust positiever tegenover een beschrijving van een werksituatie waarin ze inspraak hebben, bijvoorbeeld over de beslissing om een bonus uit te keren aan werknemers, dan wanneer ze op de tafel drukken.

Een verklaring is dat bij een promotiefocus je controle wilt uitoefenen op je eigen situatie en dat het krijgen van inspraak bij een bonusbeslissing je dan positiever stemt dan wanneer je vooral negatieve situaties wilt vermijden (onbewust getriggerd door het drukken op het tafelblad). Vooral als het gaat om het verkrijgen van een financiële bonus. Dat is in principe al een '+1-situatie', want je verliest er niets mee als je de bonus niet krijgt. Je kunt alleen maar van 0 naar +1 gaan. Mensen raken dus onbewust beïnvloed door de manier waarop ze op de tafel drukken.

Druk zelf eens op de bovenkant en tegen de onderkant van je tafelblad. Voel je iets?

Mensen zijn niet alleen preventiegericht of alleen promotiegericht. Het liefst ben je een beetje van beide. je kunt dan spreken van een 'Edwin van der Sar-effect', naar de inmiddels gestopte Nederlandse voetbalkeeper die zowel goed kon keepen als voetballen en zo af en toe ook nog succesvol een penalty wist te nemen. Hij wist zich op meerdere manieren nuttig te maken en de nul te houden als het moest en +1 na te streven als het kon. Benader je het vanuit de positie van een spits, dan zou je kunnen zeggen: scoor de +1 omdat het moet en behoud de nul als het kan door ook mee te verdedigen. Vanuit de spits gezien is niets zo demotiverend als al je energie te stoppen in het scoren van doelpunten, terwijl er aan de andere kant telkens meer doelpunten tegen worden gescoord. Hoe lang kun je nog scoren tegen de bierkaai? Is het dan niet tijd om je energie en sterke kanten ook op verdedigend vlak beter te gebruiken?

Deze voorbeelden geven aan dat het van belang is op welke wijze je je aandachtstaak benadert. Er zijn geen goede of slechte manieren. Maar als je gewend bent preventiegericht te handelen (de nul houden), denk dan ook eens in een meer promotiegerichte benadering van je aandachtstaak (er meer uithalen) en vice versa. Overdenk eens meerdere craftingsrichtingen! In het vervolg van dit hoofdstuk spreken we over vier verschillende craftingsrichtingen:

Afstoten

Hierbij haal je belemmerende factoren uit je werk door bijvoorbeeld een lelijke of 2-faced taak af te stoten. De aandachtstaak verdwijnt hiermee uit je werk – je snijdt de rotte plek eruit. Dit zal makkelijker zijn bij een kleine taak dan bij een grote.

Oplossen

Belemmerende factoren worden in de taak zelf opgelost (bijvoorbeeld door een hulpmiddel, korte training, conflictoplossing, ondersteuning van anderen). Er verandert in wezen niets aan de aandachtstaak zelf, behalve dat je er (even) beter mee om weet te gaan.

Veranderen/aanpassen

De aandachtstaak wordt veranderd of aangepast om beter aan te sluiten bij je persoonlijke sterke kanten, behoeftes en interesses (aandacht en tijd voor de taak vergroten of verkleinen, taak niet meer alleen maar in samenwerking verrichten, taak elders uitvoeren).

Aanvullen

Je gaat er nieuwe taken (bijvoorbeeld op projectbasis) bijdoen. Of je breidt je taak uit met nieuwe zaken die je eerder niet deed (bijvoorbeeld klantcontact, stagebegeleiding) om onvervulde sterke kanten, behoeftes en interesses beter in je werk terug te zien of kwijt te kunnen.

Craftingstypes en -technieken

In hoofdstuk 5 hebben we je al kennis laten maken met voorbeelden van hoe je zou kunnen job craften om je werk gezonder, betekenisvoller of uitdagender voor jezelf te maken. Denk aan de onderhoudsmonteur die er een informele trainingstaak bij is gaan doen (taakcraften), schoonmakers die zich actief opstellen om ziekenhuisbezoekers de weg te wijzen (relationeel craften), een docente die met een groene pen is gaan corrigeren (cognitief craften) of ambtenaren die om beurten geboorteaangiftes opnemen in het ziekenhuis in plaats van op het gemeentehuis (contextueel craften). Qua craftingsrichting zijn deze allemaal promotiegericht, waarbij het werk actief wordt aangevuld of aangepast met zaken die een positieve uitkomst nastreven in plaats van expliciete negatieve uitkomsten te vermijden. Maar je zou elk van de jobcraftingstypes ook kunnen combineren met het afstoten of het oplossen van lelijke kanten van het werk.

De keuze voor een craftingsrichting (afstoten, oplossen, aanpassen of aanvullen) in combinatie met de vier craftingstypes (taak-, relationeel, cognitief en contextueel) biedt een raamwerk om verschillende craftingstechnieken te overdenken. Op basis van de vier craftingsrichtingen en de vier craftingstypes onderscheiden we hieronder zestien craftingstechnieken (zie tabel 8.1).

Tabel 8.1 Zestien verschillende job craftingstechnieken

mooiwerkboek.nl

	Taak-craften	Relationeel craften	Cognitief craften	Contextueel craften
Aanvullen	Taak verrijken: een nieuwe mooie taak of rol toevoegen aan het werk	Relatie toevoegen: relatie of belanghebbende toevoegen aan de taak	Ophemelen: redenen toevoegen aan de betekenis die het werk voor anderen heeft	Decoreren: toevoegen van mooie elementen aan de werkomgeving
Veranderen/ Aanpassen	Taakdelen/rouleren: minder tijd aan lelijke taak aanvullen met meer tijd aan mooie taak	Samenwerken: dezelfde taak met meerdere of andere mensen uitvoeren	Herinterpreteren: het positiever interpreteren van de betekenis van de taak	Verkassen: werkzaamheden op andere plek/ tijd uitvoeren
Afstoten	Taak afstoten/ ruilen: het afstoten of inruilen van lelijke taken voor mooie taken	Ontwijken: bijvoorbeeld lastige klanten of veeleisende collega's ontwijken	Negeren: niet nadenken over lelijke kanten van de taak	Verbouwen: storende/lelijke omgevingsfactoren wegnemen

Oplossen	Zelfverbetering: lelijke kanten van de taak oplossen door oefening, aanvullende instructie/training	Leren omgaan met: leren omgaan met interpersoonlijke conflicten oplossen, interpersoonlijke vaardigheden bevorderen	Accepteren: lelijke taken leren accepteren, verwachtingen bijstellen	Verlichten: ongemakken in de werkomgeving verlichten (bijvoorbeeld met hulpmiddelen)

Welke van de zestien craftingstechnieken geschikt is voor het verfraaien van jouw aandachtstaak, zal afhangen van verschillende factoren, bijvoorbeeld:

- Kan ik me in mijn eigen werk iets voorstellen bij elk van de technieken?
- Welk van de technieken is geschikt voor het sleutelen aan mijn specifieke (mooie, lelijke, 2-faced of lege) aandachtstaak?
- Wat levert het me op en waarmee moet ik rekening houden?

We zullen hieraan in het vervolg van dit hoofdstuk aandacht besteden, met het doel een weloverwogen keuze te maken en een concrete invulling te geven aan een eigen werkexperiment.

DEZELFDE AANDACHTSTAAK, MAAR VERSCHILLENDE TECHNIEKEN

Uit eigen ervaring weten we dat werknemers met eenzelfde aandachtstaak verschillen in de mate waarin ze bepaalde technieken persoonlijk effectief achten. In een workshop met stadswachten gaven sommige van de stadswachten aan dat de taak van het surveilleren in de eigen wijk een grote 2-faced taak was. De taak van surveilleren houdt in dat de stadswachten dagelijks verschillende 'hot spots' moeten aandoen. Deze hot spots zijn plekken in de wijk waarvan bekend is dat er geregeld sprake is van overlast door jongeren en vaker illegaal huisvuil wordt gedumpt. Maar het kan ook zijn dat er bijvoorbeeld bouwwerkzaamheden plaatsvinden die overlast geven in de openbare ruimte. ▸

Het surveilleren is naast andere taken een hoofdactiviteit waarbij veel sterke kanten worden aangesproken, zoals opmerkzaamheid, geduldig en kalm zijn, straatkennis hebben. Verder sluit het aan bij de werkbehoeftes als graag buiten werken, afwisseling in het werk en iets bijdragen aan de maatschappij. Maar voor sommige stadswachten begint het surveilleren fysiek steeds belastender te worden. Het vele lopen maakt dat de voeten vaak pijn doen, ook na het werk. Voor een stadswacht met een historie met rugklachten beginnen hierdoor ook deze klachten weer op te spelen.

Deze 2-faced taak zou je als aandachtstaak met Post-its kunnen weergeven zoals in figuur 8.2.

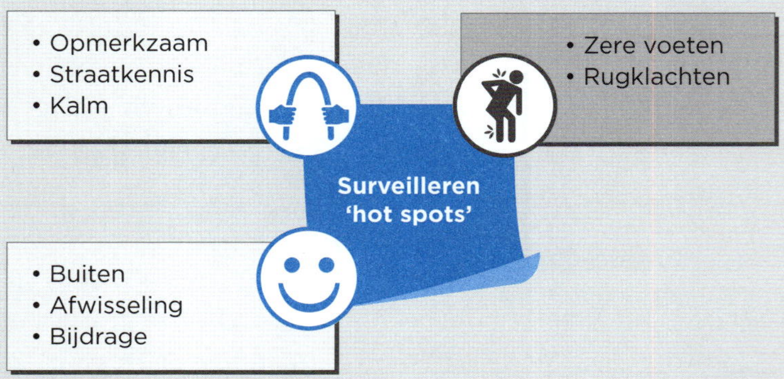

Figuur 8.2 Voorbeeld van grote 2-faced taak bij stadswachten

Na het erkennen van het feit dat deze grote taak op termijn wel eens een grotere belemmering kan gaan vormen voor het functioneren, kwamen in een groepsgesprek verschillende oplossingsmogelijkheden bovendrijven. We bespreken er enkele, duiden de techniek en stellen enkele vragen met betrekking tot de werkzaamheid van de techniek (zie tabel 8.2).

▶

Aangedragen oplossingen	Techniek	Vragen
Naar de arboarts	Geen job crafting	Verplaatsing verantwoordelijkheid? Wat denk je dat dit oplevert?
Niet meer surveilleren, alleen nog administratie en evenemententoezicht	Taak afstoten	Wie neemt de surveillancetaak over? Is dat werk wat je graag doet?
Te zwaar geworden, afvallen door te gaan sporten/diëten	Zelfverbetering	Weet je zeker dat dit het probleem gaat oplossen?
Andere hulpmiddelen: betere werkschoenen	Verlichten	Weet je zeker dat dit het probleem gaat oplossen?
Afwisselen tussen fietsen en lopen	Verlichten	Kun je overal in stad of wijk fietsen?
Niet meer surveilleren met een jonge collega (loopt te hard)	Ontwijken	Is dat wenselijk? Vergt dit permanente roosteraanpassingen?
Vragen aan jonge collega's wat rustiger te lopen (ik loop langzamer)	Samenwerken	Wordt dit geaccepteerd? Kan dit gegeven de werktijden en de hot spots die je moet aandoen?
Naar een andere wijk, waar de hot spots dichter bij elkaar liggen (minder hoeven te lopen)	Verkassen	Welke wijk of stadsdeel zou in aanmerking komen? Wat doet dat met het werk dat je graag doet?

Stadswachten met hetzelfde fysieke risico (lopen begint zwaar te worden) noemen verschillende technieken om te sleutelen aan hun surveillancetaak, zodat deze 2-faced taak weer een mooie taak kan worden. Sommige technieken blijken in de praktijk beter te werken dan andere. Andere, eerder besproken technieken komen niet eens in beeld (cognitief is het moeilijk zere voeten te onderdrukken - tenzij je je zou bekeren tot het masochisme). Sommige technieken betekenen een grote verandering (bijvoorbeeld verkassen, taak afstoten), terwijl andere een kleinere verandering met zich meebrengen (bijvoorbeeld afwisselen tussen fietsen en lopen, collega vragen om rustiger te lopen).

In de praktijk bleken de technieken die een kleine verandering met zich meebrengen het meeste op te leveren. Een stadswacht die aan een jongere collega kon uitleggen dat het belangrijk voor haar was iets rustiger te lopen, kreeg begrip hiervoor, wat positief stemde. Ook de afwisseling tussen fietsen en lopen was een voor de hand liggende techniek die in de praktijk makkelijk te realiseren was. Alleen door eens te experimenteren met elk van technieken, kon er bekeken worden wat mogelijk en wenselijk was in deze baan.

Naar een passende techniek

We horen je denken: maar ik ben toch geen stadswacht? We horen je mogelijk ook denken: ik heb helemaal geen 2-faced taak als aandachtstaak! En al helemaal geen zere voeten! Waar, waar, nogmaals waar. Laten we daarom eens elk van de technieken nog eens doorlopen met voorbeelden uit verschillende beroepssoorten. We bespreken verder bij welk type aandachtstaak deze techniek het best toepasbaar is. Kruis ondertussen de technieken aan die je bij het lezen ervan interessant lijken. We komen later hierop terug.

Taakcraften

Taakcraften is de meest concrete vorm van job crafting. In algemene zin omvat deze vorm het actief aanpassen van het aantal, het type, de grootte en de aard van de taken. Het kan dus gaan over het toevoegen van extra betekenisvolle, uitdagende taken die aansluiten bij je persoonlijke interesses of passies; maar ook over het veranderen, afstoten of beter aankunnen van aandachtstaken.

Techniek: taakverrijking
Geschikt bij: onvervulde interesses, behoeftes en sterke kanten beter tot hun recht laten komen

Het aanvullen of verrijken van het takenpakket gebeurt door het doen van extra taken of projecten die het werk leuker of betekenisvoller maken. We gaven al het voorbeeld van de onderhoudsmonteur die een extra trainingsrol toevoegt aan zijn werk, maar er zijn andere voorbeelden, zoals:

Elena is een haarstyliste die zichzelf in het werk ook als docente opstelt door het geven van informatie en tips over haarverzorging, terwijl dit oorspronkelijk niet bij haar baan hoort. Hierdoor heeft ze haar rol verrijkt en haalt ze zodoende meer voldoening uit haar werk.

Aline is directeur van een non-profitorganisatie voor de belangenbehartiging van vrouwen. Ze wil tijdens een jaarlijks congres zelf aan de registratietafel zitten om mensen te ontvangen en in te schrijven. Ze had dit gemakkelijk aan een ander kunnen overlaten, maar doet het zelf om meer betrokken te zijn bij deze jaarlijks belangrijke bijeenkomst.

Techniek: herverdelen van taakaandacht/tijd
Geschikt bij: kleine mooie taken die je meer wilt doen

Hier herverdeel je de aandacht en tijd die je aan verschillende taken besteedt op zo'n manier dat je aandachtstaak beter past bij je individuele behoeftes, sterke kanten of fysieke of cognitieve vermogens. Je neemt geen extra taken op je, maar je herverdeelt enkel de aandacht en tijdsbesteding in je huidige takenpakket. Bijvoorbeeld:

Margit is een HR-medewerkster die interesse heeft voor de advocatuur en het rechtssysteem. Zij is zich geleidelijk aan meer gaan bezighouden met arbeidsrechtelijke zaken en minder met bijvoorbeeld beloningsvraagstukken. Doordat het werk zo beter past bij haar interesses, haalt ze meer plezier uit haar werk. Ze heeft verschillende projecten bewust naar zich toe getrokken.

Techniek: taaklast delen
Geschikt bij: groeiende kleine, lelijke taken of 2-faced taken die je wilt ontlasten

Bij het delen van taken kan bijvoorbeeld de last van een vervelende of zware taak beter worden verdeeld over collega's, zodat iedereen maar in geringe mate tijd kwijt is aan de desbetreffende taak. Als iedereen een klein deel van dat werk op zich neemt, is het daardoor geen uitdrukkelijke last meer die het werk lelijk maakt. Bijvoorbeeld:

Ruud is een projectleider en heeft bij kleine vergaderingen de neiging om zelf te notuleren en de notulen uit te werken. Dat is vanuit gewoonte ontstaan, maar nu het aantal projecten groeit en hij goed moet onthouden wat er gezegd wordt, moet hij de notulen ook steeds gedetailleerder uitwerken. Dat wordt nu zelfs van hem verwacht, waardoor het een lelijke taak is geworden. Hij maakt de afspraak dat ook collega's om beurten een keer moeten notuleren en de notulen moeten uitwerken en rondmailen.

Ingrid en Maartje zijn medewerkers van een verzorgingstehuis. Zij merken dat het in en uit bed tillen van bewoners steeds zwaarder wordt. Ze weten welke bewoners vooral zwaar zijn, maar blijven in hun rondes ieder een verschillende verdieping doen. Totdat ze besluiten om de zware bewoners meteen aan het begin van de rondes samen te doen. Dan zijn ze nog fit en kunnen ze daarna ieder afzonderlijk door met de lichtere bewoners op de eigen verdieping.

Techniek: taken samenvoegen
Geschikt bij: kleine lege taken betekenis geven

Tegenover het delen van belastende taken staat het samenvoegen van taken die versnipperd zijn geraakt doordat ze door verschillende collega's worden uitgevoerd. Je balt deze samen in een iets grotere activiteit, waarmee je er meer betekenis aan geeft. Bijvoorbeeld:

Meike is een redactielid van een actualiteitenrubriek op tv. Zij ziet dat meerdere collega's voor verschillende nieuwsitems het beeldarchief napluizen en er vaak hetzelfde beeldmateriaal wordt gebruikt bij verschillende items. Het 'even' zoeken van een bijpassend archiefbeeld is een klein routineklusje geworden. Creatiever zoeken naar verschillende beelden sluit aan bij haar interesse. Ze heeft vroeger als beeldredactrice bij een krant gewerkt. Ze besluit de verschillende kleine zoekopdrachtjes naar archiefbeeld te gaan verzamelen bij collega's om dit zodoende tot een grotere betekenisvolle taak te smeden. Er worden nu meer verschillende archiefbeelden gebruikt en zelf heeft Meike zich opgeworpen als een informele 'archiefbeeldredactrice'. Ze vindt die taak leuk en neemt haar collega's de lelijke klusjes uit handen neemt.

☐

Techniek: taken rouleren
Geschikt bij: kleine lege taken uitdagender maken; interesses/sterke kanten aanspreken

Taakroulatie is een techniek om meer afwisseling in het werk te krijgen. Waar voor jou mooie taken soms vastzitten aan bepaalde personen, kan rouleren met collega's die dat ook interessant vinden uitkomst bieden. Je vult dus om de zoveel tijd je taken aan met een uitdagende, betekenisvolle taak. Bijvoorbeeld:

Jelle is de jongere collega van de onderhoudsmonteur (je weet wel: die zijn taken heeft aangevuld met een informele trainingstaak voor nieuwkomers) en is zelf door hem ingewerkt. Hij heeft veel van hem geleerd en zou dezelfde taak ook willen doen voor nieuwkomers. Hij wil de trainingstaak niet afpakken, maar vraagt of hij kan meedraaien bij de volgende lichting nieuwkomers (het is een groeiend bedrijf). Dit met als uiteindelijk doel de trainingstaak te laten rouleren tussen hem en de gewaardeerde onderhoudsmonteur.

☐

Techniek: taken afstoten/ruilen
Geschikt bij: kleine lelijke of 2-faced taken vermijden

Het afstoten van taken die je als een belemmering ziet voor je gezondheid of je motivatie om het werk te blijven doen, is in praktijk vaak lastig. Het domweg niet meer uitvoeren van een taak is vaak geen optie en kan schade toebrengen aan het werkproces. Zonder het al te beladen te maken, zou je een kleine lelijke taak kunnen ruilen met een collega die deze taak niet als belemmering ziet. Hij of zij kan het zelf als een nieuwe interessante leertaak beschouwen. Als de collega een voor jou leuke taak doet die hij of zij graag kwijt wil, dan kan er met slechts een kleine aanpassing toch een gunstiger verdeling van taken plaatsvinden. Bijvoorbeeld:

Han is een hovenier die als enige met een bladblazer werkt, waardoor hij vanwege het geluid tijdens het werk niet meer in contact kan staan met collega's die de bladeren vervolgens opharken. Hij voelt zich wat los van de groep staan. De informele hiërarchie is echter dat je begint met harken en daarna pas mag bladblazen. Toch besluit hij de bladblaastaak in de aanbieding te doen bij zijn collega's die achter hem aanharken. Een paar van de jongere collega's vinden het werken met een professionele blazer 'gaaf', dus hij geeft hun de taak, waardoor hij weer kan harken.

☐

Techniek: zelfverbetering
Geschikt bij: kleine/grote lelijke of 2-faced taken

Het kan geen kwaad om je kennis en vaardigheden eens op te frissen. Je kennis en vaardigheden kunnen verouderen, omdat je ze de laatste tijd te weinig hebt gebruikt of omdat de taakvereisten in de loop van de tijd zijn veranderd. Je kunt tijd investeren om de taak aan te passen, maar door een korte cursus of training te volgen gaat de taak je beter af, waardoor deze minder lelijk kan worden. Je moet je daarbij mogelijk over je trots en opgedane ervaring heen zetten, maar wat let je als je je steeds vaker begint te ergeren aan het feit dat je een bepaalde taak niet meer goed kunt uitoefenen? Bijvoorbeeld:

Bent werkt voor een groot makelaarskantoor. Ze hebben het moeilijk in de huidige markt en Bent ziet de kleinere kantoors het beter doen. De kleinere spelers hebben zich helemaal gestort op het via internet faciliteren van potentiële kopers. Ze maken speciale e-portfolio's van huizen die bij een bepaald type koper horen. Ook faciliteren ze de potentiële kopers door met smartphones filmpjes te maken van de nieuwe huizen die te koop staan. Deze verspreiden ze vervolgens meteen aan hun klantenbestand via Facebook. Bent is niet zo bekend met de nieuwe mogelijkheden om met klanten in contact te staan. Hij is nog van het gewoon maken van een persoonlijke afspraak om daarna huizen te bezichtigen – een van zijn voornaamste taken. Potentiële kopers blijken steeds meer verwend te zijn en zeggen afspraken vaak op het laatste moment af. Hij krijgt het gevoel dat hij niet meer goed weet hoe hij in contact moet komen met de nieuwe generatie huizenkopers. Hij besluit zichzelf te 'upgraden' op dat gebied en een cursus sociale media te volgen. Sindsdien maakt hij ook internetafspraken op afstand, waarbij hij kopers bij de eerste bezichtiging live via de webcam op zijn laptop rondleidt. Bij interesse maakt hij wel een persoonlijke afspraak, daarin kan hij zijn verkoopervaring tenslotte het beste kwijt.

Relationeel craften

Relationeel craften omvat het zorgen voor mooiere taken door het aangaan van bijvoorbeeld meer werkrelaties, het oppakken van nieuwe contacten, de intensiteit van een relatie te veranderen of bijvoorbeeld negatieve relaties af te breken.

☐

Techniek: relaties toevoegen

Geschikt bij: alle taken, onvervulde interesses, behoeftes, sterke kanten

Het toevoegen van relaties in het werk is vooral interessant in werk waar het contact, behalve met directe collega's, niet meteen vereist is. Door het aangaan van relaties met andere mensen kun je het gevoel krijgen dat het werk dat je verricht een grotere betekenis heeft en plezieriger wordt. Bijvoorbeeld:

Evy werkt op de klantenservice van een online boekenwinkel. Ze handelt vragen en klachten van klanten telefonisch af. Ze heeft het initiatief genomen om ook regelmatig naar het grote magazijn te lopen vanwaar de orders worden verwerkt. Ze heeft zich laten rondleiden door de collega's aldaar en heeft zo nog regelmatig contact met hen, waardoor ze beter zicht heeft op wat er mogelijk en niet mogelijk is in het orderproces. Ze kent nu het orderproces van kop tot staart. Regelmatig komt het nu voor dat ze even naar het magazijn belt voor een lastige klantvraag. Iets wat ze daarvoor niet deed, omdat dat niet tot haar functiebeschrijving hoorde. Ze heeft nu het gevoel beter in staat te zijn meerdere soorten klantvragen beter te kunnen afhandelen.

Techniek: samenwerken
Geschikt bij: alle taken en onvervulde interesses, behoeftes en sterke kanten

Door samen te werken wordt een relatie met een collega structureel onderdeel van bepaalde taken die je doet. Je kunt samen werken om sterke kanten te bundelen of jezelf of de ander beter te maken in zijn werk. Bijvoorbeeld:

Juul en Maarten werken op een communicatieafdeling van een grote reisorganisatie. Maarten is verantwoordelijk voor een nieuwe strategie waarmee de reisorganisatie een meer avontuurlijke uitstraling krijgt voor een jongere generatie. Juul is bezig met het restylen van de website. Tijdens gesprekken zijn ze erachter gekomen dat ze een interesse voor fotografie delen. In plaats van nieuwe foto's voor de website te kopen van een professioneel bureau, besluiten ze hun eigen fotocollectie af te stoffen op zoek naar bruikbaar materiaal. Naast hun eigen taakstelling werken ze samen aan een nieuwe uitstraling waarbij ze ook weer bevriende fotografen uitnodigen. Ze bundelen elkaars sterke kanten en contacten.

Techniek: stok achter de deur
Geschikt bij: lege, lelijke en 2-faced taken mooier maken

Het aangaan van nieuwe relaties in het uitoefenen van taken kan ook helpen om bepaalde zwaktes met elkaar op te vangen. Door te fungeren als elkaars stok achter de deur, kunnen bijvoorbeeld lelijke taken alleen al door ze samen te doen worden verlicht. Je zet je er hierdoor wel toe, waar je er anders tegenaan bleef hikken en deze taak alleen maar werd uitgesteld. Bijvoorbeeld:

Noor en Teun werken op de hypotheekafdeling van een lokale bank in Alblasserdam. Sinds de kredietcrisis zijn ze verplicht om bij elke hypotheekaanvraag via veel meer kanalen dan vroeger na te gaan of de aanvrager voldoende kredietwaardig is. Hoewel het in het begin nog wel meeviel, blijkt dit extra naspeurwerk veel tijd te kosten en saai te worden. Ze zien er beiden steeds meer tegenop en besluiten elke week een ochtend te prikken waarop ze samen gaan bellen naar verschillende instanties en de systemen naspeuren. Het is zelfs voorgekomen dat ze ontdekten dat dezelfde persoon met verschillende valse namen geprobeerd heeft een hypotheek los te krijgen. Ze noemen zich nu met enige zelfspot 'CSI Alblasser-

dam'. Ze zijn niet alleen elkaars stok achter de deur, het werkt ook efficiënter en ze weten er meer uit te halen dan ooit gedacht.

Techniek: andere dan gebruikelijke relaties aangaan
Geschikt bij: alle taken

Het aangaan van andere relaties kan bestaan uit het uitbreiden van relaties met verschillende belanghebbenden van je werk. Door meerdere belanghebbenden te betrekken bij je werk, zie je beter wat het voor anderen betekent. Bijvoorbeeld:

Arjen was een politicus die jaren meeliep. Halverwege jaren negentig besloot hij dat hij bij werkbezoeken aan Nederlandse steden niet alleen de burgemeester, wethouder of hoogste ambtenaar wilde spreken, maar ook de burger zelf. Hij ging dan ook altijd even langs in een koffiehuis, buurtcentrum of snackbar om de stemming te peilen. Nu hij inmiddels gepensioneerd is, kijkt hij geamuseerd naar de politieke traditie in wording om hetzelfde te doen.

Greet is een stadswacht bij een grote gemeente. Ze werkt in een wijk waar junks zich ophouden in een klein park. Ze loopt samen met een collega vaak door het park en heeft een band opgebouwd met de junks. Ze hoort hun verhaal aan en geeft moederlijke adviezen. Het vertrouwen en de aandacht die ze hun schenkt, maakt dat de junks zich bereidwillig tonen om mogelijke overlast in het park te beperken. Ze heeft daarom besloten eens een dag mee te lopen in de verslaafdenzorg om beter te begrijpen wat achter de problematiek schuilgaat. Ze ziet de opgebouwde band met de junks als onderdeel van haar werk en kan zo een sterkte van haar beter benutten.

Techniek: ontwijken/relaties doorgeven
Geschikt bij: lege en 2-faced taken

Net als bij het taakcraften kun je belastende of vervelende relaties met collega's of klanten afstoten of ontwijken door het contact te verbreken. Toch is dit niet altijd werkbaar, vooral als hiermee klanten worden weggejaagd of niet worden bediend. Een andere optie is deze negatieve klantrelaties door te geven aan een collega die hiermee beter kan omgaan. Bijvoorbeeld:

Niels is een jonge servicemedewerker bij een leverancier van kopieermachines. Hij heeft een vast netwerk van bedrijven waar hij onderhoud pleegt of inspringt om storingen te verhelpen. Hij en zijn contactpersoon bij een nieuwe klant zijn op verkeerde voet met elkaar begonnen en er zijn woorden gevallen. Een vervelende miscommunicatie, waardoor Niels niet meer door één deur kan met de contactpersoon. Hij vertelt dit tegen een collega en het blijkt dat het bedrijf dicht bij diens huis ligt. Daarom vindt die collega het prima om de klant over te nemen. Met zijn ervaring weet hij snel de strijdbijl te begraven. Niels heeft zo zonder veel problemen deze voor hem lastige klant kunnen doorgeven aan de ervaren collega.

☐

Techniek: leren omgaan met...
Geschikt bij: kleine/grote lelijke taken

Het contact dat je in je werk hebt met anderen heb je niet altijd zelf in de hand. Waar je eerder zeer oppervlakkig contact had met klanten of externen, vraagt het werk nu ineens dat je je klantvriendelijker moet opstellen (klanttevredenheid is de nieuwe kernwaarde!). Het werk kan ook zo veranderen dat je je werk met steeds meer partijen moet afstemmen, waar dat eerder niet hoefde. Het werk verandert inhoudelijk niet, maar je moet met steeds meer mensen contact houden. Niet altijd even leuk. Je kunt niets anders doen dan je erbij neerleggen en ermee leren omgaan. Soms is een korte training handig om je bewust te worden van hoe je met anderen omgaat; soms kun je al veel leren door met een collega mee te kijken. Bijvoorbeeld:

Joep werkt zeventien jaar bij een centrale van een grote haven waarbij hij het scheepvaartverkeer in en uit de haven in goede banen moet leiden. Het scheepvaartverkeer neemt de laatste jaren toe qua omvang, maar ook komt er steeds meer internationaal vrachtverkeer de haven binnen. Joep moet door het drukke verkeer meer en langer in contact treden met de kapiteins, vaak ook om hen uit te leggen dat het aanmeren wat langer gaat duren. Zijn werk is hierdoor veranderd. Hij weet veel van het navigeren van de boten, maar mist soms wat basale communicatieve vaardigheden om de irritaties van de kapiteins tot een minimum te beperken. Hij besloot een communicatiecursus te volgen waardoor hij beter wordt in het omgaan met kleine conflicten en irritaties. Dat beviel Joep zo goed, dat hij nu plannen heeft om een basiscursus Spaans te volgen, omdat hij met deze taal veel kapiteins van over de hele wereld kan aanspreken. Ook de kapiteins waarderen dat, waardoor hij zich prettiger voelt in het contact over de marifoon – ook als het hectisch is in de haven en hij schepen moet laten wachten, wat hij eerder lelijke kanten van zijn werk vond.

Cognitief craften

Als je cognitief craft, verandert er feitelijk niets aan je taken of werkrelaties. Maar cognitief craften verandert wel het beeld van je werk, waardoor dit werk meer betekenis krijgt en taken of negatieve aspecten anders worden geïnterpreteerd. Het voorbeeld van twee metselaars die worden gevraagd naar wat voor werk ze doen, is typerend. De een zegt 'ik stapel stenen met een laagje cement ertussen', terwijl de andere metselaar antwoordt 'ik zet hier een mooi gebouw neer.' De betekenis die beide metselaars aan dezelfde activiteiten geven, typeert het verschil dat cognitief craften kan maken.

☐

Techniek: ophemelen
Geschikt bij: kleine/grote lelijke taken

Door de positieve kanten van lelijke taken wat meer te benadrukken, kun je cognitief je werk craften door het op te hemelen. Maak bijvoorbeeld eens twee rijtjes met daarin positieve en negatieve kanten van op het eerste gezicht lelijke taken. Kun je de negatieve betekenis van de taken ombuigen? Welke positieve kanten doen de negatieve kanten teniet? Bijvoorbeeld:

Gert-Jan is als letselschadeadvocaat gespecialiseerd in letsel naar aanleiding van verwijtbare medische fouten. Van zijn directe omgeving krijgt hij voortdurend het signaal dat ze vinden dat hij zijn geld verdient met andermans leed. Ja, hij verdient zijn geld met medische missers door een zo groot mogelijk financiële claim bij een ziekenhuis of maatschap neer te leggen. Hij heeft wel eens zijn twijfels bij zijn werk, maar door een paar van zijn oud-cliënten te bellen, hoort hij weer waarvoor hij het doet. Niet alleen voor het geld, maar ook voor het principe dat zijn werk bijdraagt aan een betere zorg, waarin geen fouten worden gemaakt die de levens van zijn cliënten voorgoed veranderen. Hij noteert dit op een 'waarvoor ik dit werk écht doe'- briefje en hangt het naast zijn computer.

Techniek: herinterpreteren ☐
Gebruik bij: lege taken

Wanneer je werk aan betekenis begint te verliezen, is het soms goed om taken die je geen voldoening meer geven te herinterpreteren. Het voorbeeld van de lerares die is gaan corrigeren met een groene pen in plaats van met een rode, benadrukt dit. Het is een kleine verandering, maar het geeft haar het gevoel zich anders op te stellen in haar werk. Deze andere opstelling geeft haar weer opnieuw voldoening. Ze voelde zich een betere leerkracht. Nog een voorbeeld:

Françoise is kok in het druk bezochte wegrestaurant van haar oom. Ze werkt er graag, maar merkt dat de hoofdtaak 'eten voorbereiden' routine begint te worden. Na een workshop die ze volgde bij een vijfsterrenrestaurant, zag ze in hoe makkelijk het is van weinig toch iets leuks te maken op het bord. Ze besloot zich meer te richten op 'het creëren van culinaire kunststukjes' in plaats van op enkel 'eten maken'. Het kost relatief weinig extra tijd om gerechten op te leuken, en de reacties van klanten zijn positief. Zelfs de beroemde stamppotgerechten die de vaste vrachtwagenchauffeurs graag eten, weet ze te verfraaien tot iets leuks. Bij verjaardagen komen er sowieso op alle gerechten kaarsjes. Maakt niet uit of het stamppot is of een biefstuk.

Techniek: negeren ☐
Gebruik bij: kleine/grote lelijke taken

Het negeren van de lelijkheid van taken is een optie als je er verder niets van weet te maken. Negeren is niet makkelijk als je er in de dagelijkse praktijk tegenaan blijft lopen, maar sommigen negeren lelijke taken door het er niet over te hebben, ze niet te zien of ze te omzeilen. Inderdaad, je moet ook wel eens een vervelend rotklusje opknappen; en ja, er zijn taken bij die niemand leuk vindt, maar je krijgt er gelukkig wel voor betaald. Bijvoorbeeld:

Martijn is een deurwaarder en ziet in zijn werk regelmatig huizen die totaal verwaarloosd en vies zijn. Vooral als het gezinnen met kinderen betreft, waarbij de ratten over de vloer van de babykamer lopen, raakte hij in het begin erg boos. Hij liep dan verder door het huis om de verwaarlozing totaal tot zich door te laten dringen. Dat doet hij niet meer. Hij kan er uiteindelijk niets aan doen en er zijn andere instanties die zich met deze problematiek bezighouden. Het is niet zijn taak een oordeel te vellen en daarom negeert hij nu de staat van de woning. Hij loopt nu gewoon naar binnen en bekijkt wat moet worden meegenomen, praat met de bewoners en gaat weer weg.

☐

Techniek: accepteren/vergelijken
Gebruik bij: kleine/grote lelijke taken

Soms is het accepteren van vervelende kanten van je werk de laatste oplossing die overblijft. Mensen accepteren hun situatie veelal door bijvoorbeeld te stellen dat anderen het nog veel slechter kunnen hebben. Je vergelijkt hierbij de lelijke taken met de lelijke kanten van andere beroepen, van hetzelfde werk bij andere bedrijven of met je werk in het verleden. Zie je in die vergelijking lichtpuntjes? Valt het eigenlijk allemaal wel mee? Een voorbeeld:

Tim is een ervaren drukker bij een drukkerij die zich voornamelijk richt op tijdschriften voor de Nederlandse markt. Tijdschriften zijn veelal full colour, wat nauwkeurigheid en vakmanschap vereist. De drukkerij neemt er echter steeds meer andere taken bij, zoals het drukken van kleine foldertjes, vlaggetjes en T-shirts. Voor Tim zijn dit niet de meest uitdagende taken en het vergt vooral veel gepriegel, terwijl de oplages klein zijn. Hij begint zich eraan te storen, maar hij weet ook dat deze taken niet zullen verdwijnen. De drukkerij moet alles aanpakken om het hoofd boven water te houden. Hij mijmert er wat over in de kantine met zijn collega Paul, die even lang als Tim bij de drukker werkt. Paul zegt hem dat hij niet zo moet zeuren. Vroeger stonden ze met geïrriteerde ogen in de stinkende inktdampen van de drukkerij, terwijl ze met de komst van de digitale drukpers veel lichter en minder vies werk hebben gekregen. Daarbij werkt de broer van Paul bij een dagbladendrukker waar ze vanzelfsprekend nachtdiensten draaien, dat blijkt ook geen pretje. Misschien valt het ook wel mee, denkt Tim. Bovendien beseft hij hoe fijn zijn vrouw het vindt dat hij haar favoriete modetijdschriften altijd vers van de pers mag meenemen naar huis.

Contextueel craften

Er is sprake van contextueel craften als je niet iets aan je werk verandert, maar aan de omgeving waarin je werkt, de hulpmiddelen waarmee of het tijdstip waarop je je werk doet. Hierdoor kun je meer voldoening of plezier uit je werk halen of belastende, lelijke kanten van je werk wegnemen.

☐

Techniek: decoreren
Gebruik bij: lege taken

Decoreren bestaat uit het toevoegen van zaken aan je dagelijkse werkomgeving die voldoening en plezier geven. Iedereen neemt wel eens wat persoonlijks van huis mee om zijn eigen werkplek op te leuken, maar soms kan het ook nog functioneel zijn. Bijvoorbeeld:

Ralf is afdelingshoofd van een laboratorium in een farmaceutisch bedrijf waar (in verband met de hygiëne en veiligheid) niemand behalve de laboranten mogen komen. Laboranten zijn een beetje op zichzelf aangewezen. Omdat Ralf de afdeling naar buiten toe een gezicht wil geven, heeft hij het plan opgevat om alle laboranten door een professionele fotograaf te laten portretteren met een object dat te maken heeft met hun hobby. De hele wand buiten het laboratorium hangt zo vol met veertig persoonlijke portretten, waar de andere collega's vaak even bij staan te kijken. Ze krijgen leuke reacties en zelfs het bedrijfsmagazine besteedt er aandacht aan. Het is zelfs zo'n goed idee dat ook andere afdelingen het overnemen. Bij de opening van een 'afdelingsgalerie' worden altijd alle andere collega's uitgenodigd. Zo ontstaat er een leuke informele sfeer, omdat werknemers buiten de context van het werk met elkaar in contact komen. Inmiddels heeft iedere afdeling een eigen galerie en krijgen werknemers die weggaan het portret feestelijk cadeau en worden nieuwe werknemers toegevoegd aan de portrettenwand.

☐

Techniek: verkassen
Gebruik bij: kleine/grote lelijke taken

Verkassen verwijst naar een jobcraftingstechniek waarbij je je taken op een andere plek of ander tijdstip uitvoert. Dit kan grote en kleine vormen aannemen. Het voorbeeld van de ambtenaren die om beurten geboorteaangiftes in het ziekenhuis verwerken, is een grotere vorm. Terwijl 's ochtends thuis geconcentreerd je mail afhandelen voordat je naar je werk gaat mogelijk gemakkelijker te organiseren is. Nog een voorbeeld:

Joukje werkt in een verzorgingstehuis en merkt dat het overdag bezighouden van de bejaarde bewoners haar steeds minder begint te interesseren. De sociale activiteiten worden steeds belangrijker, maar ze heeft zelf meer moeite gekregen met dit onderdeel van het werk. Ze kan het niet meer oprecht opbrengen om de mensen te vermaken, terwijl ze ondertussen blijven klagen. Ze heeft daarom besloten alleen nog maar nachtdiensten ofwel waakdiensten te gaan draaien. Ze heeft dan wat meer vrije tijd met hetzelfde salaris, en het voordeel van de nacht voor haar persoonlijk is dat de bewoners dan slapen (en dus geen actieve aandacht vragen). Ze helpt bewoners bij nachtelijk toiletbezoek en administreert de zorgdossiers van haar collega's in de dagdienst. 's Ochtends ondersteunt ze bij het uit bed helpen van bewoners, maar daarna gaat ze naar huis.

☐

Techniek: verbouwen
Gebruik bij: lege of lelijke taken

Bij het 'verbouwen' van je werk neem je storende, lelijke omgevingsfactoren weg om je werk beter te kunnen uitoefenen. Verbouwen moet je dan ook wel figuurlijk nemen en niet meteen met de sloophamer een wandje naar beneden halen. Bijvoorbeeld:

Simone werkt bij een festivalorganisatie, waar zij de teksten maakt voor programmaboekjes waarin de optredende artiesten staan vermeld. Zij is een groot muziekliefhebber. Daarom heeft zij altijd zijn iPod met muziek bij zich. Zij werkt op een kantoor waar ook collega's zitten die alles op en rond de festivals moeten regelen, wat veel belwerk met zich meebrengt. Zij merkt dat hij zich moeilijk op haar teksten kan concentreren met de verschillende telefonerende collega's om zich heen. Simone besluit ook op haar werk gewoon haar koptelefoon van de iPod op te zetten met haar eigen muziek. Daardoor kan zij geconcentreerder werken. Zij 'verbouwt' haar omgevingsgeluid door het te vervangen door geluid dat voor haar beter werkt. Haar werktelefoon schakelt ze door naar haar mobiel, waarbij de trilfunctie haar wijst op een inkomend gesprek. Haar collega's nemen het haar niet kwalijk; zij zijn toch met andere zaken bezig.

José werkt als docente op een basisschool. Zij heeft haar eigen lokaal, waar zij in plaats van de klassieke tafelopstelling (naast elkaar) besluit de tafelopstelling in een U-vorm om te zetten. Zo zorgt zij ervoor dat kinderen 'achter' in de klas zich niet kunnen verbergen en zij als docente centraler voor de klas kan staan. Zij ziet vanaf de eerste dag dat er een andere interactie is met de leerlingen, die nu allemaal vooraan zitten en hierdoor ook beter opletten. Ze merkt dat haar werk hierdoor positief wordt beïnvloed.

☐

Techniek: verlichten
Gebruik bij: lege/lelijke taken

Als laatste kun je ongemakken of hinderlijke inefficiënties soms afstoten door je werk te verlichten met behulp van het introduceren van eigen of andere hulpmiddelen. Vergelijk het met het gebruiken van je eigen multifunctioneel Zwitsers zakmes in plaats van allerlei kleine gereedschappen mee te slepen die je door je bedrijf of organisatie krijgt aangereikt. Een voorbeeld:

Roos werkt bij een grote gemeente en heeft zelf een iPad waarop ze thuis een boek leest en spelletjes speelt met de kinderen. De iPad is gemakkelijk mee te nemen. Roos denkt dat het in haar werk bij de afdeling Burgerzaken ook handig zou kunnen zijn om de burgers bij hun inschrijving in de gemeente de ingevoerde gegevens zelf te tonen. Nu zit ze nog achter een scherm dat ze soms onhandig moet draaien om de desbetreffende persoon te laten zien welke gegevens nu bekend zijn. Ze merkt ook dat burgers het fijn vinden om te zien wat er over hen geregistreerd staat. Ze vraagt of ze met haar iPad ook op de gemeentelijk database kan inloggen, en dat kan. Ze gebruikt haar iPad nu in het contact met burgers. Ze heeft het gevoel dat ze nu meer rechtstreeks met haar cliënten kan praten, in plaats van via een scherm. Zo nodig kan ze makkelijk het schermpje draaien om de cliënt te laten lezen wat er staat.

NAAR EEN PASSENDE TECHNIEK

Job crafting kent vele technieken die geschikt kunnen zijn voor het verfraaien van je werk. Welke voor jou passend is, zal pas blijken nadat je ermee aan de slag bent gegaan. Toch spreekt de ene techniek je meer aan dan de ander, je hebt er mogelijk al enkele aangekruist. Om je nog een stapje op weg te helpen, plak je je aandachtstaak of onvervulde behoefte, sterkte of interesse

▶

denkbeeldig in het midden van figuur 8.3. Vraag je vervolgens af welke craftingsrichtingen mogelijk zijn:

- Moet ik een risico *afstoten* of *oplossen* (vaak wanneer je (middel)grote of kleine aandachtstaak lelijk of 2-faced is)?
- Of moet ik een risico of kans *aanpassen* of *aanvullen* (kan zowel bij lege, lelijke, 2-faced, als kleine mooie taken en bij onvervulde behoeftes, sterke kanten of interesses)?

Bedenk vervolgens goed hoe je zou willen sleutelen aan je aandachtstaak.

- Ga je taakcraften, dan wil je iets veranderen aan *wat* je doet (de werkinhoud).
- Ga je relationeel craften, dan wil je iets veranderen aan *met wie* of *voor wie* je de taak uitvoert
- Ga je cognitief craften, dan ga je aan de slag met het *waarom* van je taak.
- Ga je contextueel craften, dan ga je iets veranderen aan *waar*, *wanneer* of *waarmee* je je aandachtstaak uitvoert.

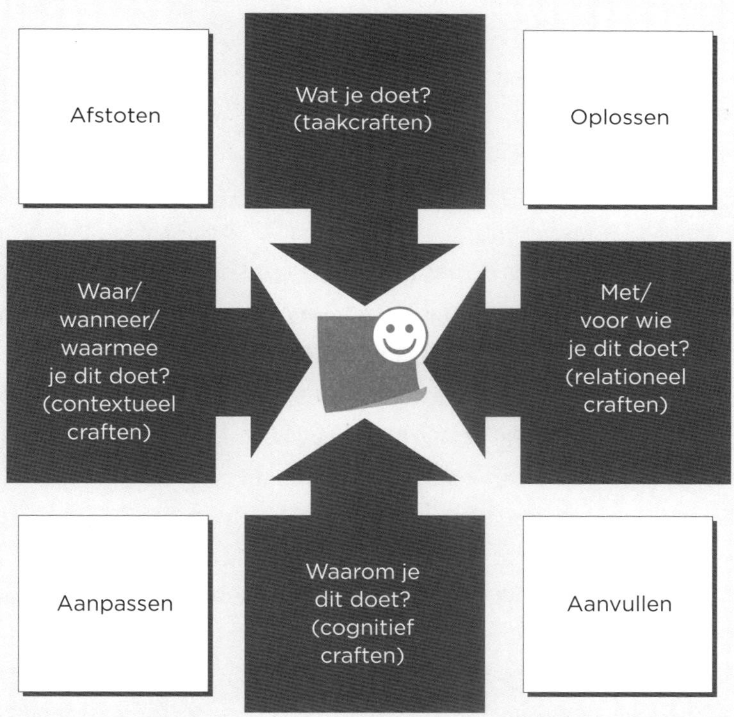

Figuur 8.3 Welke craftingstechniek past nu bij je werk?

▶

Uiteindelijk leidt de combinatie van de craftingsrichting en het craftingstype je terug naar een van de eerder besproken technieken.

mooiwerkboek.nl

OEFENING

Haal nu een of meerdere craftingstechnieken voor de geest die je het meest aanspreken en noteer kort hoe het toepassen van die techniek(en) er in jouw werk uit zou kunnen zien. Wat doe je dan? Waarom kies je deze techniek?

Schrijf hier de voor jou meest aansprekende craftingstechniek verder uit... Wat zie je jezelf doen? Waarom kies je deze techniek?

Over de wijsheid van je besluit: kosten en baten van job crafting

Je hebt het gevoel vast al gehad bij het lezen van de verschillende technieken en de voorbeelden waarin bijvoorbeeld Meike, Juul, Han, Ralf of Roos sleutelden aan hun werk. Dat gevoel dat zegt: 'Dat kan hier niet!', 'Zullen mijn collega's leuk vinden!', ' Mijn baas ziet me aankomen' of 'Wat moeten mijn klanten/cliënten/leerlingen/patiënten hier wel niet van denken?' Terecht. Job crafting is vaak niet zonder nadelen of kosten, terwijl de baten nog moeten blijken. Dat zien we in de praktijk ook. De kosten die mensen kunnen belemmeren zijn zeer divers.

De kosten van job crafting

De kosten zijn bijvoorbeeld de persoonlijke kosten, kosten voor collega's of het team, kosten voor het werkproces of voor externen.

mooiwerkboek.nl

Kruis bij het lezen van de volgende voorbeelden de mogelijke kosten aan die je te binnen schieten bij je eigen beoogde craftingstechniek. Vul de voorbeelden zo nodig aan met een eigen voorbeeld.

Persoonlijke kosten zijn bijvoorbeeld:

- [ ] Tijd (ik heb het al zo druk)
- [ ] Energie (je moet dingen regelen, je ertoe zetten)
- [ ] Trots (toegeven dat iets niet meer lukt)
- [ ] Te veel voor de ander denken (mijn collega zal wel niet meewerken)
- [ ] Hoon (mijn collega's zullen me uitlachen)
- [ ] Carrièrekansen (wat gebeurt er als ik iets verpruts)
- [ ] Privé (als ik er iets bij doe zullen ze dat thuis wel merken)
- [ ] Teleurstelling (wat nu als het niet lukt, dan ben ik nog verder van huis)
- [ ] ...

Kosten voor collega's of het team zijn bijvoorbeeld:

- [ ] Sociale relaties/pikorde wordt verstoord
- [ ] Collega's worden met extra werk opgezadeld
- [ ] Je komt aan andermans werk
- [ ] Je vormt een bedreiging voor het werk van anderen
- [ ] Collega's kunnen niet meer op elkaar vertrouwen
- [ ] ...

Kosten voor het werkproces zijn bijvoorbeeld:

- [ ] Routine wordt verstoord/chaos
- [ ] Taken worden niet meer uitgevoerd
- [ ] Werkafspraken worden niet nagekomen
- [ ] Samenwerken is niet efficiënt, er wordt te veel gepraat
- [ ] Roekeloos job craften kan anderen in gevaar brengen
- [ ] Te veel tijdsbesteding aan taken die sneller kunnen
- [ ] Geld (bij begeleiding of een korte bijscholing; bij aanschaf hulpmiddelen, materialen)
- [ ] ...

Kosten voor anderen/externen zijn bijvoorbeeld:

- ☐ Krijgen niet meer wat ze gewend zijn (bijvoorbeeld de stamppot van Françoise)
- ☐ Schrikken van de andere aandacht die ze krijgen (de burgers aan de balie van Roos)
- ☐ Krijgen iemand anders als contactpersoon (bij Niels die zijn onderhoudstaak doorgeeft)
- ☐ ...

We zouden deze waslijst zo kunnen aanvullen met andere kosten die werknemers noemen en die een reden vormen om huiverig te zijn voor veranderingen.

KOSTEN ZIJN SOMS EVEN ONZEKER ALS DE BATEN

De kosten van job crafting zijn soms even onzeker als de baten. Om een praktijkvoorbeeld te geven: een van de verzorgenden in het al eerder genoemde bejaardentehuis had een paar probleembewoners op het netvlies die volgens haar meer aandacht nodig hadden. Ze waren erg eenzaam. De kosten hiervan waren dat ze andere bewoners dan minder aandacht zou moeten geven. Die zouden dat waarschijnlijk niet leuk vinden. Ze besloot de mening van een paar bewoners eens te peilen.

Wat bleek? Terwijl sommigen wel vonden dat iedereen hetzelfde behandeld moet worden, zei de meerderheid dat het voor hen geen enkel probleem was als de verzorgende wat meer tijd zou besteden aan een paar probleembewoners. Graag zelfs, zij zagen namelijk ook dat deze bewoners het moeilijk hadden. De bewoners hadden zo ook het idee dat ze konden bijdragen aan de zorg, wat hun een goed gevoel gaf. Bovendien zouden zij mogelijk ook zelf ooit in een probleemsituatie belanden. Ze hoopten dat andere bewoners dan hetzelfde zouden doen. De eerder ingeschatte kosten van het sleutelen aan het werk verdwenen zo als sneeuw voor de zon.

De baten van job crafting

Kijk je naar de mogelijke baten van job crafting, dan kunnen deze op dezelfde wijze als de kosten worden ingedeeld.

mooiwerkboek.nl

Kruis bij het lezen van de volgende voorbeelden de mogelijke baten aan die je te binnen schieten bij je eigen beoogde craftingstechniek. Vul de voorbeelden zo nodig aan met een eigen voorbeeld.

Persoonlijke baten zijn bijvoorbeeld:

- [ ] Tijd (ik kan mijn taken nu makkelijker doen, heb meer tijd voor mooie taken)
- [ ] Energie (het werk geeft me nu meer energie dan het me kost)
- [ ] Motivatie (ik zie weer waarom ik mijn werk doe en heb er weer zin in)
- [ ] Trots (ik zie weer de waarde van mijn werk voor mezelf en anderen)
- [ ] Gezondheid (mijn werk is nu minder fysiek/geestelijk belastend)
- [ ] Gevoel van controle (ik word niet geleefd, ik heb zelf invloed op mijn werk)
- [ ] Eigenwaarde (ik heb een positief beeld van mezelf gekregen)
- [ ] Privé (het thuisfront is ook blij, omdat ik weer wat rust in mijn werk heb gevonden)
- [ ] ...

Baten voor collega's of het team zijn bijvoorbeeld:

- [ ] Sociale relaties worden versterkt
- [ ] Collega's weten beter wat ze aan elkaar hebben
- [ ] Collega's helpen elkaar om het werk gedaan te krijgen
- [ ] Onderlinge betrokkenheid bij het werk is groter
- [ ] Positieve invloed op de ontwikkeling van andere (jongere) collega's
- [ ] Meer begrip voor elkaars persoonlijke doelen en opstelling in het werk
- [ ] ...

Baten voor het werkproces zijn bijvoorbeeld:

- [ ] Standaardwerkmethodes worden aangescherpt en opgefrist
- [ ] Door herverdeling worden sommige taken nu minder halfslachtig gedaan
- [ ] Creativiteit wordt beter benut ten behoeve van de kwaliteit van het werk
- [ ] Minder onderbenutting van sterke kanten in de vorm van kennis, vaardigheden en ervaring

- ☐ Meer flexibiliteit omdat collega's taken (kunnen) overnemen
- ☐ Het verder ontwikkelen van mijn interesses zorgt voor een bredere inzetbaarheid
- ☐ Tijdswinst levert concrete besparingen op
- ☐ Kwaliteit van het werk stijgt als collega's elkaar ondersteunen in het werk
- ☐ ...

Baten voor het anderen/externen zijn bijvoorbeeld:

- ☐ Krijgen meer persoonlijke aandacht (bij Françoise, bij wie elk gerecht er weer anders uitziet)
- ☐ Krijgen een betere dienstverlening (bij Roos, die directer in gesprek gaat met burgers)
- ☐ Krijgen betere informatie (bij Evy, die nu beter contact heeft met het boekenmagazijn)
- ☐ ...

BATEN ZIJN SOMS EVEN ONZEKER ALS DE KOSTEN

De ogenschijnlijke baten van job crafting komen ook niet altijd uit de verf. Dan zijn de bedoelingen goed, maar blijken de kosten uiteindelijk toch hoger uit te vallen.

Om een voorbeeld te geven. Een beveiligingsbeambte heeft een Marokkaanse collega gekregen met wie hij sinds een maand samenwerkt tijdens het toezichthouden bij grote evenementen. Hij merkt dat de Marokkaanse collega nog moeite heeft zich in het Nederlands tactvol uit te drukken naar evenementbezoekers die hinderlijk gedrag vertonen. Doordat hij de Nederlandse taal niet helemaal goed beheerst, zegt hij dingen die vooral bij jeugdige bezoekers averechts werken - ze gaan alleen maar vervelender doen. Het gezag van de twee wordt hierdoor aangetast en de Nederlandse beveiliger moet dan alle zeilen bijzetten om de situatie onder controle te krijgen. Dit heeft een negatief effect op zijn werk. Hij wil zijn Marokkaanse collega echter niet ten overstaan van moeilijke bezoekers corrigeren en hij wil het taalprobleem ook niet buiten hem om bij zijn baas aan de orde stellen. Hij besluit daarom aan zijn collega te vragen of hij met hem een middagje samen wil zitten om hem wat communicatietips te geven. Goed idee toch?

▶

Maar de Marokkaanse collega reageert verontwaardigd. Het is toch niet zijn schuld dat bezoekers vervelend lopen te doen! Bovendien heeft de Marokkaanse collega al vijftien jaar ervaring bij een ander bedrijf als beveiligingsbeambte. Kortom, zijn nieuwe collega staat niet open voor zijn voorstel. De Nederlandse beveiliger laat het hierbij zitten en kaart het niet verder aan bij de leidinggevende. De samenwerking is er sindsdien niet beter op geworden en zijn werk wordt er lelijker door.

Achteraf beschouwd had hij het beter anders kunnen aanpakken door hem ook om tips te vragen als het gaat over het communiceren met Marokkaanse jongeren. Dan waren ze gelijk overgestoken en had de ander zich mogelijk niet aangevallen gevoeld.

Als je kijkt naar de kosten en de baten van je beoogde jobcraftingsactie die je hebt aangekruist, wat valt je dan op? Staan je meer kosten voor ogen dan baten? Dat zou heel goed kunnen. Het is vaak makkelijker de negatieve kanten van verandering te bedenken dan de positieve. Om een eerste stap te maken moet je in ieder geval de baten voor jezelf hoger inschatten dan de kosten. Als je hier al geen winst ziet, omdat je bang bent voor teleurstelling, hoon van collega's of dat je vindt dat het te veel tijd en energie kost, dan wordt het moeilijk om uit eigen motivatie te handelen. Besef daarbij wel dat de kosten veelal voor de baten uitgaan? Waar je in het begin moet investeren, moet dat niet afleiden van het doel om er uiteindelijk iets belangrijks voor jezelf uit te halen: Mooi Werk.

Wat ook goed kan, is dat je niet alleen veel persoonlijke baten ziet van je beoogde jobcraftingstechniek, maar ook de mogelijke kosten hiervan voor collega's, het werkproces of klanten. Een van de basisregels van job crafting is dat de persoonlijke baten niet duurzaam zullen zijn wanneer je hiermee anderen tegen de haren instrijkt. Toch toont het voorbeeld van de verzorgende die de bewoners ging vragen wat zij nu vonden van haar idee om de aandacht voor de bewoners anders te verdelen, dat je initiële kosten-batenafweging niet altijd correct hoeft te zijn. Andersom kun je je ook te rijk rekenen met wat je voor ogen staat om aan te sleutelen. De Nederlandse beveiligingsbeambte die zijn Marokkaanse collega communicatietips wilde geven, zag er namelijk geen nadelen van. Die bleken er uiteindelijk wel te zijn.

REFLECTIE

Toets de verwachte kosten en baten bij een ander

Je hoeft niet alles zelf te bedenken. Als je niet zeker bent van wat je jobcraftingsidee kan teweegbrengen, kun je die eens toetsen bij een ander. Dat kan een collega zijn, een goede vriend(in), je directe leidinggevende of een van je klanten. Dat kun je op de volgende manier doen:

- Breng je jobcraftingsidee als volgt ter tafel (bij een collega): 'Stel dat we tijdrovende extra taken, zoals het uitwerken van notulen of het bijhouden van de website, eens zouden verdelen onder alle collega's, hoe zou jij daarop reageren?'
- Of (bij een leidinggevende): 'Stel dat we hier een ochtend per week vrijhouden om alle kredietchecks voor de hypotheken in een keer te doen, wat zijn daarvan de voor- en nadelen in jouw ogen?'
- Of (bij een klant): 'Stel dat we onze gerechten eens anders zouden opdienen dan we nu doen, wat zou jij daarvan vinden?'

Natuurlijk toets je je jobcraftingsidee het liefst bij meerdere mensen, maar als dat niet lukt, probeer dan eens door te vragen als je een negatieve reactie krijgt:

- 'Ik begrijp je reactie, maar denk je dat iedereen er zo over denkt?'
- 'Denk je dat het helemaal niet kunt of zou het op een andere manier wel kunnen?'
- 'Denk je dat het nu niet handig is, maar bijvoorbeeld over een maand of halfjaar wel?'

Ga dus niet meteen de discussie aan over waarom jij wél vindt dat jouw jobcraftingsidee goed zou zijn, maar probeer te polsen wat er dan nog scherper zou moeten. Als je anderen uitnodigt tot meedenken, kom je vaak verder en krijg je ook andere inzichten dan wanneer je meteen in de verdediging schiet. Op die manier houd je de energie vast, ondanks het feit dat je ook weerstand kunt ondervinden.

Zet alles daarna eens op een rijtje. Wat is je gevoel? Zie je je jobcraftingsidee je meer opleveren dan dat het jezelf en anderen kost? Scherp desnoods je oorspronkelijke idee aan.

Aan de slag: are you ready, set, go!

Zo. Na acht hoofdstukken met achtergrond, voorbereidende oefeningen, voorbeelden en reflectieve momenten is het tijd geworden om eens Mooi Werk van je werk te maken. Als het goed is, weet je nu ongeveer welke jobcraftingstechniek je wilt gaan inzetten om dit te bereiken en hoe deze er voor jou uitziet. Je hebt bovendien in de vorige paragraaf een kosten-batenafweging gemaakt. Maar weet je ook nog waarom je dit allemaal hebt gedaan?

Are you ready...

Blader dit boek nog eens vanaf het begin tot hier door.

(Neem gerust even de tijd...Tomtietomtietom....Klaar?)

In dit boek heb je een paar fundamentele stappen doorlopen aan de hand van de volgende vragen:

- Wat vind ik op dit moment van mijn werk? Is het Mooi Werk? En hoe sta ik erin?
- Waarom ben ik dit werk gaan doen? En hoe heeft het mij mogelijk onbewust gevormd?
- Heb ik niet te hoge verwachtingen van de toekomst, maar ook niet te lage?
- *Should I stay or should I go?* (Ik blijf!)
- Hoe zou ik Mooi Werk kunnen nastreven? Met job crafting?
- Wat is de kern van mijn werk? Wat doe ik eigenlijk precies?
- Hoe zou Mooi Werk er voor mij persoonlijk uitzien? Waaraan moet ik sleutelen?
- Op welke manieren kan ik job craften? Welke techniek past het best? Wat zijn de kosten en baten hiervan?

Als je deze vragen allemaal op een rijtje zet en er ook een antwoord op hebt, dan ben je voorbereid om daadwerkelijk tot beredeneerde actie over te gaan. Juist het kunnen beredeneren van wat je gaat doen, maakt dat je weerbaarder bent om eventuele tegenslagen op te vangen. Maar het moet je daarbij ook motiveren. Een lage motivatie voor een verandering uit zich in 'weerstandtaal', terwijl een hoge motivatie voor een verandering zich uit in 'verandertaal'(ontleend aan RWI, 2011). Om eens bij jezelf te testen of je eraan toe bent iets aan je werk te veranderen, is het belangrijk dat je je herkent in de volgende zinnen (kruis ze desnoods aan als ze op dit moment bij je passen).

Verandertaal die erop duidt dat je iets *wilt* veranderen aan je werk is bijvoorbeeld:

- ☐ Ik wil mijn werk veranderen, omdat...
- ☐ Ik maak me zorgen om...
- ☐ Het goede van veranderen is...

En niet (weerstandtaal):

- ☐ Ik geef niks om verandering.
- ☐ Ik heb er geen zin in.
- ☐ Waarom zou ik mijn werk veranderen?
- ☐ Ja, maar...

Verandertaal die erop duidt dat je iets *kunt* veranderen aan je werk is bijvoorbeeld:

- ☐ Ik kan dit doen, ik heb er vertrouwen in.
- ☐ Ik weet hoe ik het moet doen.
- ☐ Ik heb hiervoor de vaardigheden en technieken.
- ☐ Ik heb dit eerder gedaan.

En niet (weerstandtaal):

- ☐ Dat kan ik niet.
- ☐ Het is niet mijn schuld dat ik dat niet kan.
- ☐ Mijn bedrijf/organisatie moet dit regelen.
- ☐ Verandering ligt buiten mijn macht.

Verandertaal die erop duidt dat je er daadwerkelijk *klaar* voor bent om te job craften is:

- ☐ Nu is het juiste moment.
- ☐ Ik kan de eerste stap zetten.
- ☐ Ik ben al begonnen.

En niet (weerstandtaal):

- ☐ Nu niet.
- ☐ Dat doe ik nog wel eens.

Set...

Al eerder stelden we dat het slim is om job crafting als een werkexperiment te benaderen. Een experiment maakt het laagdrempeliger voor jou en voor anderen, omdat je (nog) geen permanente verandering inzet. Werkexperimenten hebben als uitgangspunt dat je begint met een goed idee uit te proberen voor

een bepaalde periode. Neem bijvoorbeeld een maand of zes weken voor ogen. Dit is een periode die je kan overzien. Een ander kenmerk van een experiment is dat je goed weet aan welke taakgerichte, relationele, cognitieve of contextuele knop je gaat draaien om daarvan resultaat te kunnen zien. Je bent daarin dus de leider van je eigen werkexperiment.
Dus voordat je een werkexperiment begint, stel je het volgende voor jezelf scherp:

- Wat wil je dat er verandert om van jouw werk Mooi Werk te maken?
- Waarom doe je dit werkexperiment nu?
- Wat ga je tijdens dit experiment de komende vier tot zes weken actief aanpakken?
- Welke mogelijke kosten calculeer je in?
- Welke baten moeten er zeker zichtbaar worden?
- Welke activiteiten zie je jezelf hiertoe nemen?
- Wie wil je actief betrekken bij elk van de stappen?
- Wat is je eerste stap? Wat is je laatste stap?

Door deze vragen scherp te beantwoorden maak je een persoonlijk CraftPlan. Een CraftPlan is een actieplan om je werkexperiment in detail te noteren en voor jezelf helder te maken en te houden wat je de komende weken gaat aanpakken (zie de tekst in het kader hierna). Nuttig om je aan jezelf te blijven herinneren.

Go!

Voor als je dadelijk je CraftPlan scherp hebt ingevuld voor jezelf, wensen we je nu alvast veel succes en craftplezier. Het is tijd om van je werk (weer) Mooi Werk te gaan maken. In ieder geval de eerste stappen daartoe te zetten. We zien je over een paar weken voor een terugblik op je werkexperiment (slothoofdstuk 9). Vergeet in de tussentijd niet iets van je te laten horen over hoe het je vergaat. Dat kun je in het intermezzo na dit hoofdstuk bijhouden. Go!

mooiwerkboek.nl

MIJN CRAFTPLAN

(Voor als je de Post-its hebt bewaard)

Plak hier je aandachtstaak

Of: plak hier je onvervulde sterkte, behoefte of interesse

1 Wat wil ik dat er verandert om van mijn werk Mooi Werk te maken?

- Denk aan het afstoten, oplossen, aanpassen, aanvullen van je lege, lelijke, 2-faced of mooie aandachtstaak of onvervulde behoefte, sterke kant of interesse.
- Beschrijf dit zo concreet mogelijk.

1 Ik wil...

2 Waarom wil ik dit werkexperiment nu doen?

- Stel jezelf de vraag wat er met je gebeurt in je werk als je niets zou doen.
- Maak het zo concreet mogelijk: denk aan mentale/fysieke/emotionele gezondheidsrisico's, weinig uitdaging, verlies van werkplezier enzovoort.

2 Als ik niets doe, dan...

3 Wat ga ik de komende 4-6 weken actief aanpakken?

- Noteer welke jobcraftingstechniek je op welke manier gaat toepassen.
- Ga je bijvoorbeeld taken delen, ga je samenwerken, herinterpreteren of 'verbouwen'? Hoe ziet dat er in jouw werk dan uit? Verbeeld het je zo concreet mogelijk.

3 Ik ga...

4 Welke mogelijke kosten calculeer ik in?

- Noteer de belangrijkste kosten die je hebt afgewogen bij je besluit.
- Welke kosten ben je bereid te maken en zullen anderen niet negatief beïnvloeden?

▶

- Denk ook aan welke kosten je gaandeweg je experiment in de gaten moet houden.

Kosten voor jezelf	
Kosten voor je collega's/team	
Kosten voor het werkproces	
Kosten voor klanten/externen	

5 Welke baten moeten er zeker zichtbaar worden?

- Noteer de belangrijkste baten die door je werkexperiment zichtbaar moeten worden.
- Bij welke baten beschouw je je werkexperiment uiteindelijk als geslaagd?

Baten voor jezelf	
Baten voor je collega's/team	
Baten voor het werkproces	
Baten voor klanten/externen	

6 Welke activiteiten maken onderdeel uit van mijn werkexperiment?

- Beschrijf alvast de concrete stappen die je moet zetten in je experiment.
- Denk aan een afspraak maken, iets inplannen, informatie inwinnen over...
- Vermeld ook wie je moet betrekken bij elk van de stappen (wanneer nodig).
- Schrijf eerst je eerste stap op en daarna je laatste stap. Vul daarna pas de rest in!

Stap	Week	Activiteit	Met wie?

- Je bent nu helemaal klaar om te job craften. Succes!

INTERMEZZO: HOE VERGAAT HET JE?

Hoe vergaat het je tot nu toe? Heb je je reeds kunnen zetten tot het uitvoeren van je CraftPlan? Om je energie en aandacht vast te houden word je hieronder wat schrijfruimte geboden. Gebruik het om te noteren hoe de stappen naar Mooi Werk je vergaan. Doe dat bijvoorbeeld aan het einde van je werkweek. Neem dan een kop koffie of thee en schrijf kort voor jezelf op (of houd het bij op www.mooiwerkboek.nl):

- wat je afgelopen week gedaan hebt (hoe ben je te werk gegaan?);
- hoe het je verging (wat gebeurde er; waar liep je tegenaan?);
- wat je gevoel erbij was (viel het je mee; viel het je tegen?);
- wat je de komende week gaat doen.

Week 1: hoe verging het je?

Afgelopen week ....

....

....

....

Week 2: hoe verging het je?

Afgelopen week ....

....

....

....

Week 3: hoe verging het je?

Afgelopen week ....
....
....
....

Week 4: hoe verging het je?

Afgelopen week ....
....
....
....

Week 5: hoe verging het je?

Afgelopen week ....
....
....
....

Week 6: hoe verging het je?

Afgelopen week ....
....
....
....

9 TERUGBLIK: ZES WEKEN LATER...

In een goed opgezette workshop of leergang maak je een ontwikkeling door. Stapje voor stapje kom je verder. Er ontstaat een 'momentum', het onbeschrijflijke gevoel dat... ja, en dat is dus niet te beschrijven. In ieder geval is het een positieve energie, een gevoel dat er dingen mogelijk zijn. Dat er iets veranderen kan. 'Yes we can.' Zoiets.

Maar dan sta je weer buiten en kan het allemaal zo anders lijken. Er was wel gezegd dat het niet eenvoudig zou zijn. Toch kun je soms moedeloos worden wanneer je aan den lijve ondervindt hoe stug en weerbarstig de praktijk soms is. Graag zou je nog eens praten met de mensen met wie je dat goede gevoel had. Daarom worden ook terugkomdagen georganiseerd, waarbij je de ervaringen die je hebt opgedaan kunt delen met mensen die je begrijpen. Als een soort lotgenotencontact.

Het tegenovergestelde kan ook: dat de inzichten die je hebt opgedaan je perspectief zó veranderd hebben dat je allerlei gewone dingen in een nieuw licht ziet. Je ziet structuren waar je eerst alleen maar chaos zag. En je merkt dat er verandering mogelijk is. Soms is het moeilijk uit te leggen, omdat je omgeving de woorden niet kent die je nodig hebt om te beschrijven wat je meemaakt. Graag zou je dan nog eens praten met de mensen die samen met jou die woorden hebben aangeleerd. Ook daarom worden die terugkomdagen georganiseerd, zodat je het momentum weer kunt ervaren met degenen die je begrijpen. Als een soort reünie.

Dit laatste hoofdstuk is zo'n terugkomdag. Als een soort reünie en voor lotgenotencontact. De kracht van een ontwikkeling zit niet in het begin, maar in de voortgang ervan. Iedereen kan iets starten, maar volhouden is moeilijker. Daarom probeerden we ook wat tijd te rekken. Zes weken tussen het laatste hoofdstuk en nu is best een lange tijd. Als je de afspraak in je agenda niet had gemaakt, zou je nooit aan dit onderdeel van het boek zijn toegekomen. (Of je bent natuurlijk gelijk gaan doorlezen. Dan ben je net zo nieuwsgierig als wijzelf. En voel je je nu betrapt.)

Hopelijk heb je ervaring opgedaan met job crafting. Je hebt geprobeerd om je taken aan te passen. Je bent mogelijk in overleg gegaan met collega's of je leidinggevende. Je bent gaan proberen iets aan de relaties op je werk te doen. Je bent anders naar je werk gaan kijken, de cognitieve crafting. Maak de balans eens op – de *tussen*balans wel te verstaan. Want het is zeker niet zo dat je klaar bent na zes weken.

Om je te helpen bij de evaluatie volgen hier twee hulpmiddelen. Het eerste is een evaluatieschema dat je kunt invullen. Daarmee maak je een afweging van de kosten en baten van het craftingsexperiment. Vervolgens beschrijven we een lijst met mogelijke gespreksonderwerpen die je kunt doorspreken met degene die samen met jou dit boek heeft doorgewerkt.

EVALUATIE

Om te bepalen of het werkexperiment geslaagd is, kun je een kosten-batenafweging maken. Daar horen twee vragen bij:

- Welke kosten waren uiteindelijk aan je werkexperiment verbonden?
- Welke baten zijn er uiteindelijk zichtbaar geworden?

Noteer je antwoorden.

	Uiteindelijke kosten	**Uiteindelijke baten**
Voor jezelf		
Voor je collega's/ team		
Voor het werkproces		
Voor klanten/ externen		

►

Zet in het volgende figuur een kruis op de plek die je persoonlijke kosten-batenbalans het beste weergeeft. Hoe meer naar rechts het kruis, des te meer de baten de kosten overstijgen.

Baten (+) groter dan de kosten (–)?

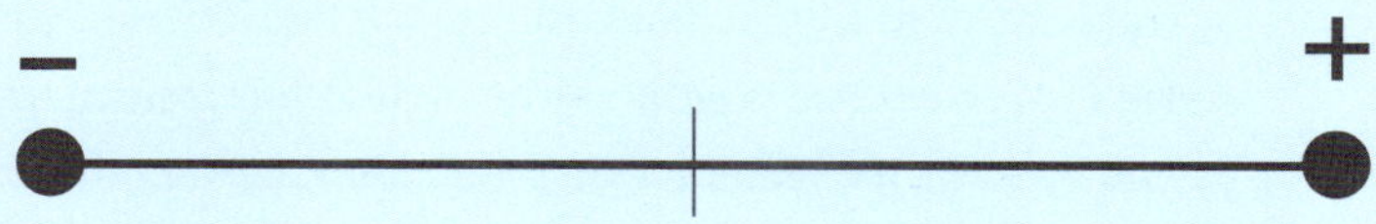

Beoordeel nu of je inspanningen tot nu toe tot Mooi Werk hebben geleid (kruis aan).

	Nee, geen succes	**Nee, nog niet**	**Ja, voldoende**	**Ja, helemaal**
Is je jobcraftingstechniek succesvol geweest?	☐	☐	☐	☐

Gespreksaanleiding

Dit moment is ook bedoeld om nog eens terug te kijken op je ervaringen tijdens de oefeningen. Doe dat het liefst samen met de gesprekspartner met wie je het hele boek mogelijk hebt doorgenomen.

Behalve de craftingskeuzes heb je een heel proces doorgemaakt met allerlei reflectievragen en oefeningen. Omdat de ervaringen die je hebt opgedaan helemaal afhankelijk zijn van jouw unieke situatie, noemen we een aantal mogelijke gespreksrichtingen. Kies er een of twee die het meest aansluiten bij jouw situatie.

- Bespreek de uitkomst van de evaluatie: is je werk al meer Mooi Werk geworden?
- Welke oefening ligt het dichtst bij je in je herinnering? Waarom was dat?
- Omdat job crafting een langer lopend proces is, zul je mogelijk midden in een veranderingstraject zitten. Blader nog eens terug in deel 2 om je geheu-

gen op te frissen hoe het ook alweer zat. Kijk ook je aantekeningen in dit boek nog eens na. Let daarbij vooral op waar je de uitroeptekens hebt gezet.

- Mogelijk is een van je jobcraftingsactiviteiten mislukt. Dat kan natuurlijk gebeuren. Zie deze 'terugkomdag' dan als een moment voor lotgenotencontact. Bespreek met iemand wat je van plan was, hoe het ging, waarom je denkt dat het mislukt is. Wat kun je zelf doen om het proces weer vlot te trekken? Waar liggen nu kansen?
- Heb je een positieve ervaring en is door job crafting je werk al meer Mooi Werk geworden: gefeliciteerd! Hoe klein de verandering misschien ook is, je hebt het gedaan! Je hebt vrijheidsgraden gevonden en de moed gehad om daarmee wat te gaan doen. Een overwinning! Ga dat vooral ook vieren. Pak een goede wijn of een dikke reep chocolade, betrek anderen in je feestje. Geniet ervan. Mogelijk vind je jezelf daarvoor te nuchter, maar onderschat niet wat er gebeurd is. Hoe vaak lees je een boek waar je echt iets mee kunt? Het is maar een boek, hoor! Jij hebt het gedaan. Probeer de successen te begrijpen en daaruit leerpunten te halen voor de volgende stap.

Gericht op het verleden:

- In deel 1 heb je teruggekeken naar je verleden. Inmiddels heb je er weer zes weken 'verleden' bij. Loop de oefeningen uit hoofdstuk 3 over het verleden nog eens door. Kun je een van die oefening gebruiken om de afgelopen weken te evalueren?

Gericht op het heden:

- In hoofdstuk 2 over het heden ben je door de oefeningen bewuster geworden van de plaats van werk in je leven. Kun je een situatie benoemen uit de afgelopen weken waarin dit bewustzijn een meerwaarde heeft gehad? Wat voor verschil maakt dat? Wat betekent dat voor de plek van reflectie in je dagelijkse leven?
- In hoofdstuk 2 over het heden heb je ook benoemd wat je werkoriëntatie is (broodwinning, carrièregericht of een roeping?). Zie je door je bewuste jobcraftingsactiviteiten een verschuiving in die werkoriëntaties? Zijn er oriëntaties belangrijker geworden, of juist minder belangrijk? Wat doet dat met je?

Gericht op toekomst:

- Heb je naar aanleiding van hoofdstuk 4 nieuwe antwoorden gevonden op de vraag 'wat gunt men mij te zijn?' Wat betekent dat?
- Hoe staat het met je hoop? Welke hoopgevende dingen zijn in de afgelopen weken gebeurd?

Tot slot

'Dit boek is geschreven voor mensen die werk willen maken van hun baan als een manier van leven in plaats van een maandag-tot-vrijdag-manier van doodgaan.' Dat stond ergens aan het begin van dit boek. In alle tussenliggende hoofdstukken ben je bezig geweest met werken aan je baan. Wat een klus! Jouw werk gaat nog wel even door, job crafting is geen proces voor de korte termijn (hoewel de effecten natuurlijk wel snel zichtbaar kunnen worden). Mooi Werk heeft ook onderhoud nodig.

We sluiten af met waarmee we begonnen. Er was geen betere manier om dit boek te beginnen dan het even weg te leggen. Er is ook geen betere manier het boek te eindigen dan het weer weg te leggen. Misschien is het beduimeld. Mogelijk staan er wijnvlekken op de kaft. Ruikt het naar de kroeg. We hebben geprobeerd je te helpen bedenken hoe je op een bevredigende manier in een prettige context vorm kunt geven aan de dingen waarmee je het beste deel van de dag voor het grootste deel van je leven bezig bent. Als dat geen Mooi Werk is...

LITERATUUR

Ashforth, B. E., & Kreiner, G. E. (1999). 'How can you do it?' Dirty work and the challenge of constructing a positive identity. *Academy of Management Review*, 24, 413-434.

Ashforth, B. E., & Vaidyanath, D. (2002). Work organizations as secular religions. *Journal of Mangement Inquiry*, 11, 359-370.

Ashforth, B. E., Kreiner, G. E., Clark, M. A., & Fugate, M. (2007). Normalizing dirty work: Managerial tactics for countering occupational taint. *Academy of Management Journal*, 50, 149-174.

Barley, S.R., Meyerson, D. E., & Grodal, St. (2010). E-mail as a Source and Symbol of Stress. *Organization Science*, 22, 887-906.

Bauer, J. J., McAdams, D.P., & Pals, J.L. (2008). Narrative identity and eudaimonic well-being. *Journal of Happiness Studies*, 9, 81-104.

Berg, J.M., Grant, A.M., & Johnson, V. (2010). When callings are calling: Crafting work and leisure in pursuit of unanswered occupational callings. *Organization Science*, 21, 973-994.

Berg, J.M., Wrzesniewski, A., & Dutton, J. E. (2010). Perceiving and responding to challenges in job crafting at different ranks: When proactivity requires adaptivity. *Journal of Organizational Behavior*, 31, 158-186.

Brummans, B.H.J.M., Putnam, L.L., Gray, B., Hanke, R., Lewicki, R.J., & Wiethoff, C. (2008). Making Sense of Intractable Multiparty Conflict: A Study of Framing in Four Environmental Disputes. *Communication Monographs*, 75, 25-51.

CBS/TNO (2011). *Dynamiek op de Nederlandse arbeidsmarkt* (onder redactie van Ruben van Gaalen, Jos Sanders, Wendy Smits, Jan Fekke Ybema). Den Haag: CBS.

Collins, J. (2003). Best New Year's Resolution? A 'Stop Doing' List'. *USA Today* (30 december).

de Volkskrant (2010): Groene Pen (lezersbrief in Geachte Redactie). Link: http://www.volkskrant.nl/vk/nl/2844/Archief/archief/article/detail/1024836/2010/09/25/Geachteredactie.dhtml.

Dewulf, A., Gray, B., Lewicki, R., Putnam, L., Aarts, N., Bouwen, R., & Woerkum, C. van (2009). Disentangling approaches to framing in conflict and negotiation research: A meta-paradigmatic perspective. *Human Relations*, 62, 1-39.

Dorenbosch, L.W., Huiskamp, R., & Smulders, P. (2011). De relatie tussen baanontevredenheid en vetrekintenties: maakt opleiding een verschil? *Tijdschrift voor arbeidsvraagstukken*, 27(1), 77-93.

Frese, M., Garst, G., & Fay, D. (2007). Making things happen: Reciprocal relationships between work characteristics and personal initiative (PI) in a four-wave longitudinal structural equation. *Journal of Applied Psychology*, 92(4), 1084-1102.

Garfinkel, H. (1967). *Studies in Ethnomethodology.* Englewood Cliffs, NJ: Prentice-Hall.

Goudswaard, A., Dorenbosch, L.W., Kooij-De Bode, H., Kraan, K.O., & Klauw, M. van der (2011). *Arbeidsvoorwaarden in goede aarde.* Hoofddorp: TNO.

Grant, A.M., Alexander, K., Griesbeck, A., Jaffe, A., Kagan, K., Kamin, M., Kemerling, C., Long, S., Nagel, G., Paulding, T., & Swayne, J. (2007). *Crafting task significance in service work: Meaning-making through difference-making.* Manuscript submitted for publication. University of Michigan.

Higgins, E.T. (1998). Promotion and prevention: Regulatory focus as a motivational principle. *Advances in Experimental Social Psychology*, 30, 1-46.

Hofstede, G., & Hofstede, G.J. (2005). *Cultures and Organizations: Software of the Mind* (2nd edition). New York: McGraw-Hill.

Hyvönen, K., Feldt, T., Tolvanen, A., & Kinnunen, U. (2010). The role of goal pursuit in the interaction between psychosocial work environment and occupational well-being. *Journal of Vocational Behavior*, 76 (3), 406-418.

Ibarra, H. (1999). Provisional Selves: Experimenting with Image and Identity in Professional Adaptation. *Administrative Science Quarterly*, 44, 764-792.

Jerkovic, K., Offenbeek, M.A.G. van, & Schans, C.P. van der (2010). Taakherschikking in de Nederlandse mondzorg en de werktevredenheid van mondhygiënisten. *Nederlands tijdschrift voor tandheelkunde*, 117, 289-294.

Leana, C., Appelbaum, E., & Shevchuk, I. (2009). Work process and quality of care in early childhood education: the role of job crafting. *Academy of Management Journal*, 52(6), 1169-1192.

Lindemann, B., Ogiwara, Y., & Ninomiya, Y. (2002). The discovery of umami. *Chemical Senses*, 27, 843-844.

Lutgen-Sandvik, P., & Sypher, B.D. (red.) (2009). *Destructive organizational communication: Processes, consequences, and constructive ways of organizing.* New York: Routledge/Taylor & Francis.

Lyons, P. (2008). The Crafting of Jobs and Individual Differences. *Journal of Business Psychology*, 23, 25-36.

McAdams, D.P. (1993). *The stories we live by: Personal myths and the making of the self.* New York: William Morrow.

McAdams, D.P. (2001). The psychology of life stories. *Review of General Psychology*, 5, 100-122.

McAdams, D.P., Josselson, R., & Lieblich, A. (red.) (2001). *Turns in the road: Narrative studies of lives in transition*. Washington, DC: American Psychological Association Press.

McAdams, D.P., Reynolds, J., Lewis, M., Patten, A., & Bowman, P.J. (2001). When bad things turn good and good things turn bad: Sequences of redemption and contamination in life narrative, and their relation to psychosocial adaptation in midlife adults and in students. *Personality and Social Psychology Bulletin*, 27, 472-483.

Mumby, D. (1989). *Communication and power in organizations: Discourse, ideology and domination.* Norwood, NJ: Ablex.

Nauta, A. (2007). *Voorbij het 'Boiling Frog'-syndroom*. Amsterdam: Vossius Pers.

Orwell, G. (2003). *Nineteen Eighty-Four*. Plume: Centennial Edition.

Prooijen, J.W. van, Karremans, J.C.T.M., & Beest, I. van (2006). Procedural justice and the hedonic principle: How approach versus avoidance motivation influences the psychology of voice. *Journal of Personality and Social Psychology*, 91, 686-697.

Roberts, L., Dutton, J., Spreitzer, G., Heaphy, E., & Quinn. R. (2005). Composing the reflected best-self portrait: Building pathways for becoming extraordinary in work organizations. *Academy of Management Review*, 30, 712-736.

Roese, N.J., & Summerville, A. (2005). What we regret most ... and why. *Personality and Social Psychology Bulletin*, 31, 1273-1285.

RWI (2011). *Het heft in eigen hand. Sturen op zelfsturing*. Den Haag: Raad voor Werk en Inkomen.

SCP (2005). *Arbeidsmobiliteit in goede banen*. Den Haag: Sociaal Cultureel Planbureau.

Seligman, M.E.P., & Csikszentmihalyi, M. (2000). Positive psychology: An introduction. *American Psychologist*, 55, 5-14.

Snyder, C.R. (1994). *The psychology of hope: You can get there from here*. New York: Free press.

Sutton, R. (2007). *The No Asshole Rule: Building a civilized workplace and surviving one that isn't.* Business Plus. [In het Nederlands vertaald als: De anti-hufter methode: Kleine overlevingsgids om het hoofd te bieden aan eikels, tirannen, halve garen, kloothommels en andere schadelijke personen op het werk. Uitgeverij Scriptum.]

Terkel, S. (1997). *Working: People talk about what they do all day and how they feel about what they do.* New York: The New Press.

Vuuren, M. van, Beelen, P., & Jong, M. de (2010). Speaking of dominance, status differences, and identification: Making sense of a merger. *Journal of Occupational and Organizational Psychology,* 83, 627-643.

Wrzesniewski, A., & Dutton, J.E. (2001). Crafting a job: Revisioning employees as active crafters of their work. *Academy of Management Review*, 26, 179-201.

Wrzesniewski, A., Berg, J.M., & Dutton, J.E. (2010). Turn the job you have into the job you want. *Harvard Business Review,* 88 (6),114-117.

Wrzesniewski, A., Dutton, J.E., & Debebe, G. (2003). Interpersonal sensemaking and the meaning of work. *Research in Organizational Behavior*, 25, 93-135.

Wrzesniewski, A., McCauley, C.R., Rozin, P., & Schwartz, B. (1997). Jobs, careers, and callings: People's relations to their work. *Journal of Research in Personality*, 31, 21-33.

DANKWOORD

Zoals je andere mensen nodig hebt om toe te werken naar Mooi Werk, zo hebben wij veel hulp van andere mensen gekregen om een mooi boek te maken. Een aantal van hen willen we graag bedanken.

Het is prachtig om professionals in actie te zien wanneer ze doen waar ze goed in zijn. De samenwerking met de professionals van Uitgeverij Boom was dan ook een geweldige ervaring. Vanaf het begin hebben ze ons gemotiveerd door hun vertrouwen in dit project. Elke stap in het proces werd begeleid met zorgvuldige en kritische toewijding. Anne Vollaard, Ineke van der Burg en Wouter van Gils: dank jullie wel.

Onze collega's creëren een inspirerende omgeving. Of ze nu werken bij de Universiteit Twente, bij TNO, of dat we ze treffen in de job crafting expertgroep – het is goed om daarbij in de buurt te zijn. Onze Amerikaanse collega's Amy Wrzesniewski en Jane Dutton zijn we zeer erkentelijk voor het starten van de job craftingsvibe, nu precies tien jaar geleden, met hun toonaangevende publicatie.

De deelnemers aan workshops op het gebied van job crafting willen we bedanken voor hun openheid. We hebben veel ervaringen opgedaan bij het toetsen van onze ideeën. Het hele scala hebben we gezien: hoogopgeleid of zonder opleiding; moe van werk of juist heel ambitieus; starters en mensen die tegen hun pensioen aan zitten. We hebben geprobeerd hen allemaal recht te doen in dit boek.

Ook persoonlijk hebben we mensen zonder wie het allemaal een stuk minder mooi zou zijn. Mark bedankt Korien (natuurlijk). Dit boek heeft hij geschreven voor Tim en Anoek, ook al gaat het nauwelijks over voetbal en komen er maar een paar prinsessen in voor. Luc dankt zijn collega's bij TNO voor het vertrouwen en de ruimte. Hij dankt verder het ministerie van Sociale Zaken en Werkgelegenheid als co-financier voor de mogelijkheid om deels onder werktijd aan dit boek te kunnen werken. Verder veel dank aan zijn skat, familie en vrienden voor de vaak onbewuste job craftingsvoorbeelden.